T0209634

#philosophieorientiert

In der Politik, in der Gesellschaft aber auch im Alltäglichen haben wir es immer wieder mit grundsätzlichen Fragen danach zu tun, was man tun soll, was man glauben darf oder wie man sich orientieren sollte. Also etwa: Dürfen wir beim Sterben helfen?, Können wir unseren Gefühlen trauen?, Wie wichtig ist die Wahrheit? oder Wie viele Flüchtlinge sollten wir aufnehmen? Solche Fragen lassen sich nicht allein mit Verweis auf empirische Daten beantworten. Aber sind die Antworten deshalb bloße Ansichtssache oder eine reine Frage der Weltanschauung? In dieser Reihe zeigen namhafte Philosophinnen und Philosophen, dass sich Antworten auf alle diese Fragen durch gute Argumente begründen und verteidigen lassen. Für jeden verständlich, ohne Vorwissen nachvollziehbar und klar positioniert. Die Autorinnen und Autoren bieten eine nachhaltige Orientierung in grundsätzlichen und aktuellen Fragen, die uns alle angehen.

Weitere Bände in der Reihe http://www.springer.com/series/16099

Hilkje Charlotte Hänel

Sex und Moral – passt das zusammen?

J.B. METZLER

Hilkje Charlotte Hänel
Politische Theorie
Universität Potsdam
Potsdam, Deutschland

ISSN 2524-468X   ISSN 2524-4698   (electronic)
#philosophieorientiert
ISBN 978-3-476-05775-4   ISBN 978-3-476-05776-1   (eBook)
https://doi.org/10.1007/978-3-476-05776-1

Die Deutsche Nationalbibliothek verzeichnet diese Publikation in der Deutschen Nationalbibliografie; detaillierte bibliografische Daten sind im Internet über http://dnb.d-nb.de abrufbar.

Planung/Lektorat: Franziska Remeika
J.B. Metzler ist ein Imprint der eingetragenen Gesellschaft Springer-Verlag GmbH, DE und ist ein Teil von Springer Nature.
Die Anschrift der Gesellschaft ist: Heidelberger Platz 3, 14197 Berlin, Germany

Inhaltsverzeichnis

1

Einleitung

„War das Sex? – Ich weiß es immer noch nicht."
Greta Christina, Are We Having Sex Now or What?*

1.1 Was ist eigentlich Sex?

Die meisten von uns haben Sex. Manchmal guten,
manchmal schlechten. Und die meisten sind überzeugt zu
wissen, wann sie guten Sex haben und wann schlechten.
Diese Frage vernünftig zu beantworten setzt die Antwort
auf eine grundsätzlichere Frage voraus. Bevor wir darüber
reden, was guter und was schlechter Sex ist und vor allem,

---

*Alle Zitate zu Beginn der Kapitel sowie der Tweet in Kap. 2 wurden von der
Autorin aus dem Englischen übersetzt. Hinweise auf die Originalzitate finden
Sie im Literaturverzeichnis.

© Der/die Autor(en), exklusiv lizenziert durch Springer-Verlag
GmbH, DE, ein Teil von Springer Nature 2021
H. C. Hänel, *Sex und Moral – passt das
zusammen?*, #philosophieorientiert,
https://doi.org/10.1007/978-3-476-05776-1_1

warum mancher Sex moralisch problematisch ist, sollten wir fragen: *Was ist eigentlich Sex?* Schließlich ist es doch so, dass wir nicht sagen können, wann Sex gut oder schlecht ist, moralisch problematisch oder unproblematisch und moralisch verboten oder erlaubt, wenn wir nicht wissen, was Sex eigentlich ist. Uns würde schlicht und einfach das Objekt der Betrachtung fehlen. Wann etwas gut oder schlecht ist hängt davon ab, was der Gegenstand ist. Was also ist Sex?

Zur Aufgabe der Philosophie gehört es unter anderem, scheinbar einfache Fragen zu stellen – Was ist Zeit? Was ist das Sein? Was ist das Gute? Und eben: was ist Sex? –, um zu zeigen, wie unfassbar schwierig es ist, eine gute und einfache Antwort zu geben. Oft sind es nämlich gerade die einfachen Fragen, die uns zeigen, wie komplex und schwierig der Sachverhalt eigentlich ist, und die uns dazu bringen, neues Wissen zu erlangen und weitere Fragen zu stellen. Hier widme ich mich also einer solchen, scheinbar ganz harmlosen Frage aus einer philosophischen Perspektive – und wir werden lernen, dass die Antwort auf die Frage viel komplexer ist, als wir zunächst denken. Dies bringt uns zu einer größeren philosophischen Einsicht: Inwieweit verstehen wir überhaupt die Begriffe und Wörter, die wir als kompetente Sprecher*innen verwenden, um die Welt zu beschreiben und miteinander zu kommunizieren? Wir scheinen zu wissen, was Sex ist, wir sind sogar davon überzeugt zu wissen, was Sex ist – aber eine Antwort lässt sich nur schwer formulieren.

Was also meinen wir, wenn wir von Sex sprechen? Abzugrenzen, welche Handlungen wir eigentlich konkret meinen, wenn wir von Sex sprechen – was also in die Kategorie ‚Sex‘ fällt und was nicht –, ist eine durchaus komplexe und diffizile Angelegenheit. Müssen wir nackt sein, um Sex zu haben? Muss eine Penetration – also ein Eindringen – stattfinden, um Sex zu haben? Ist Sex gleich

Geschlechtsverkehr? Müssen alle beteiligten Personen denken, dass sie gerade Sex haben, damit die Handlung Sex ist? Oder können zwei Personen eine gemeinsame Handlung ausführen, aber nur eine der beiden Personen hat tatsächlich Sex? Müssen alle beteiligten Personen nach sexueller Befriedigung streben, um Sex zu haben? Oder genügt es, wenn dies nur eine Person tut?

Als Bill Clinton am 26. Januar 1998 vor laufender Kamera gefragt wurde, ob er eine sexuelle Beziehung mit Monica Lewinsky gehabt hätte, verblüffte er mit seiner Antwort, dass dies nicht der Fall gewesen sei. Aber schließlich existierte Monica Lewinskys Aussage darüber, dass es sexuelle Kontakte zwischen ihr und Bill Clinton gegeben hatte. Außerdem wurde seine Samenflüssigkeit auf ihrem Kleid entdeckt. Hatte Monica Lewinsky Sex mit Bill Clinton, aber Bill Clinton nicht mit Monica Lewinsky? Ein Anwalt im Fall Clinton und Lewinsky unterstützte diese Annahme, indem er festlegte, dass eine Person nur dann Sex hat, wenn sie „wissend Kontakt mit Genitalien, Anus, Leistenbeuge, Brüsten, inneren Oberschenkeln oder Hintern einer anderen Person mit der Intention bewirkt, sexuelle Begierde bei einer Person oder sich selbst zu erregen oder zu befriedigen" (Starr Report 1998). Wenn Bill Clinton keinen solchen Kontakt hatte, sondern nur Monica Lewinsky, oder wenn Bill Clinton den Kontakt nicht wissend hatte oder keine sexuelle Begierde erregen oder befriedigen wollte, dann hatte zwar Monica Lewinsky Sex, aber nicht Bill Clinton.

Ganz so abwegig wie es im Fall von Clinton und Lewinsky scheint, ist die Frage nicht. Tatsächlich beschreiben einige Sexarbeiter*innen ihre Arbeit ganz ähnlich; sie selbst haben keinen Sex, sondern ‚performen' diesen – wie auch Schauspieler*innen ‚performen' – für ihre Kunden (Straight for the Money 2011). Die Idee ist: Eine Simulation von Sex ist nicht gleichzusetzen mit

Sex. Während die Kunden also Sex haben und für Sex bezahlen, haben die Sexarbeiter*innen keinen. Auch im antiken Griechenland wurde Sex unter anderem als Handlung einer Person beschrieben, die den Körper einer anderen Person „nur" benutzt, um selbst sexuelle Befriedigung zu erlangen. Darunter fiel auch die Handlung der Päderastie oder Knabenliebe, bei der erwachsene Männer sexuelle Handlungen an jugendlichen Jungen ausführten – in der Annahme, dass der Junge an der sexuellen Handlung selbst unbeteiligt ist. Die Männer hatten Sex, die Jungen nicht.

Die Dinge sind seit Bill Clinton und Monica Lewinsky nicht einfacher geworden. Können wir Sex mit virtuellen Charakteren haben? Oder mit Drachen auf dem Bildschirm? Können wir Sex mit Robotern haben? Oder mit Computern? Kann *Data* aus der Serie STAR TREK Sex haben? Wie also können wir überhaupt zu einer allgemeingültigen – zumindest vorläufigen – Definition von Sex kommen, um uns Fragen nach gutem und schlechtem, problematischem und unproblematischem Sex zu stellen? Fragen, die Auswirkungen darauf haben, was für Gesetze wir in Bezug auf Sex haben, wie Aufklärungsunterricht an Schulen gestaltet sein sollte und welche moralischen Normen wir in Bezug auf Sex haben wollen. Das heißt aber auch, dass es bei unserer Begriffsanalyse nicht nur darum gehen kann zu klären, was allgemein als Sex gilt – was für Intuitionen kompetente Sprecher*innen beispielsweise in bestimmten kulturellen und historischen Kontexten haben –, sondern auch, was als Sex gelten *sollte* angesichts der moralischen und rechtlichen Relevanz hinter dieser Frage. Es könnte beispielsweise sein, dass wir empirisch feststellen, dass viele Personen in westlichen Ländern die Intuition teilen, dass Penetration für Sex nicht unbedingt notwendig ist. Und das könnte wiederum bedeuten, dass Lapdance (ein erotischer Tanz von einer Person auf dem Schoß einer anderen Person, oftmals gegen Bezahlung) als Sex gewertet werden sollte, was Auswirkungen auf die rechtlichen Bestimmungen von Striplokalen hätte. Zusätzlich könnte es auch sein, dass unsere empirischen Feststellungen nicht übereinstimmen mit unseren philosophischen Theorien über Sex. Wir müssen also berücksichtigen, dass unterschiedliche Untersuchungen zu Sex unterschiedliche Ergebnisse liefern können. Im Folgenden werde ich zunächst versuchen, kurz zu zeigen, was philosophische Theorien auf Grundlage unserer weitläufigen Intuitionen über Sex sagen. Später werden wir feststellen, dass wir unser Verständnis von Sex vielleicht verändern sollten, um Raum zu schaffen für eine differenzierte Theorie über problematischen Sex.

Bisher haben wir nicht viel mehr als die vage Intention, dass zwar Bill Clinton und Monika Lewinsky sehr wohl beide Sex (miteinander) hatten, dass es aber durchaus auch gemeinsame Handlungen geben könnte, bei denen nur eine der beteiligten Personen tatsächlich Sex hat. Eine Möglichkeit ist es nun, verwandte Fragen zu stellen, die im besten Fall Aufschluss darüber geben, was wir als Sex bezeichnen wollen und was nicht. Zum Beispiel: Wie viele Personen braucht man, um Sex zu haben? Hat Sex einen Zweck? Braucht es sexuelles Verlangen für Sex? Ist Cybersex Sex?

Um diese Fragen zu beantworten, sollte man zunächst darüber nachdenken, was denn ein typischer Fall von sexueller Interaktion ist. Was genau tun wir eigentlich, wenn wir uns sexuell begegnen? Zunächst wollen wir unserem Gegenüber vermitteln, dass wir ein sexuelles Interesse an ihm oder ihr verspüren, dass unser Körper mit bestimmten Empfindungen auf ihn oder sie „reagiert". Intuitiv könnte man hier also zunächst sagen, dass wir in einer sexuellen Interaktion unsere Körper benutzen, um etwas auszudrücken. Wir wollen zeigen, dass wir

Empfindungen der Begierde der anderen Person gegenüber haben, und wir wollen sichergehen, dass die andere
Person genau dies zur Kenntnis nimmt. Aber das ist
noch nicht alles. Wir wollen sicherstellen, dass die andere
Person unsere Empfindungen zur Kenntnis nimmt,
weil wir davon ausgehen, dass dies etwas in der anderen
Person bewegt. Die Begierde einer anderen Person wahr-
zunehmen, kann unsere eigene Begierde steigern. Sexuelle
Kommunikation bedeutet also auch, dass sich zwei
Personen in einer stetig steigernden Begierde zueinander
treffen. Demnach ist menschliche Sexualität durch das
Zusammenspiel zwischen Kommunikation von Begierde
und der Wirkung dieser Kommunikation auf unsere
Begierde definiert. Ein typisches Beispiel aus der philosophischen Literatur zum Thema sieht folgendermaßen
aus: Zwei Personen finden sich gegenseitig sexuell
anziehend und die Erregung beider steigt durch die Wahrnehmung der körperlichen und verbalen Sprache ihres
jeweiligen Gegenübers. Beide beobachten also das sexuelle
Interesse der oder des Anderen als Antwort auf ihr eigenes
Flirtverhalten. Hier geht es demnach um eine komplexe
psychologische Dynamik, bei der zwei Personen eine sich
steigernde, wechselseitige Begierde empfinden, die mit der
Beobachtung der Begierde der anderen Person als Antwort
auf die eigene Begierde zusammenhängt. Sex ist also ein
Zusammenspiel, bei dem zwei Personen sich gegenseitig
als handelnde Subjekte mit Intentionen und Begierden
wahrnehmen und gleichzeitig sexuelle Intimität mit dem
Körper der jeweils anderen Person begehren. Sex ist ein
durch und durch soziales Verhalten, bei dem keine Person
als reines Objekt gesehen wird, sondern als handelnde
Person mit eigenen Empfindungen. Eine Handlung, bei
der eine Person zum Objekt gemacht wird oder sich selbst
zum Objekt macht – bei der es also keine gegenseitige

stetig steigende, sondern nur einseitige Begierde gibt –, wäre hiernach eine sexuelle Perversion.

Es gibt aber natürlich auch ganz andere Intuitionen dazu, was Sex ist. Man könnte zum Beispiel in Frage stellen, ob Sex immer eine solche Gegenseitigkeit von Begehren aufzeigen muss. Tatsächlich ist es doch so, dass uns viele eindeutig sexuelle Interaktionen einfallen, bei denen diese Art der Kommunikation von gegenseitigem Begehren fehlt. Ein Liebespaar, dass ihr Sexualleben durch eine App steuern lässt, um sich den Kinderwunsch zu erfüllen, hat vielleicht einmal im Monat Sex, nicht aufgrund eines gegenseitigen und ständig sich steigernden Begehrens, sondern um die Chance auf ein Kind zu erhöhen. So gehen auch andere Philosophen davon aus, dass sexuelle Begierde nicht unbedingt zu gegenseitiger sexueller Kommunikation führt. Mehr noch, manche haben vielleicht auch die Intuition, dass die eigene sexuelle Begierde notwendigerweise dazu führt, andere Personen als sexuelle Objekte zu begehren. So könnten wir uns beispielsweise fragen, was wir eigentlich begehren, wenn wir eine andere Person sexuell begehren. Begehren wir die andere Person als komplexe Person mit eigenem Begehren? Oder begehren wir vielleicht einfach nur den Körper der anderen Person? Ganz sicher werden wir hier nicht alle dieselbe Intuition haben, und vielleicht stellen wir sogar fest, dass beide Formen des Begehrens vorstellbar sind; je nachdem, an wen sich unser Begehren richtet oder in welcher Verfassung wir uns selbst gerade befinden.

Demnach ist es also zumindest möglich, dass sexuelle Interaktion auch davon geprägt ist, dass wir zumindest zeitweise den Körper einer anderen Person begehren und die Subjektivität dieser Person negieren – uns also ihre Intentionen und ihr Begehren für eine Weile egal sind. So argumentiert Immanuel Kant dafür, dass wir

aufgrund unserer sexuellen Begierde bestimmte Körperteile – Brüste, Genitalien und so weiter – einer anderen
Person genauso begehren können wie auch beliebige
andere Objekte (Kant 1797, §24 und §25). Nach Kant
macht dies unser sexuelles Begehren von Grund auf
problematisch, weil wir notwendigerweise die Person der
von uns begehrten Körperteile zu einem reinen Mittel
zum Zweck degradieren. Wir nehmen die andere Person
nicht mehr als Person wahr, sondern – zumindest zeitweise – als ein entmenschlichtes Ding, das nur dafür da
ist, unser Begehren zu befriedigen. Hiernach sind sexuelle
Handlungen also quasi Handlungen der Masturbation
zwischen zwei Personen, die sich gegenseitig wie Dinge
oder eben Sexspielzeug behandeln und wahrnehmen. Aber
muss das eigentlich problematisch sein? Könnten wir nicht
den Körper einer anderen Person zeitweise als Objekt der
Befriedigung begehren und dieselbe Person trotzdem in
anderen Situationen als komplexe Person wahrnehmen
und behandeln?

Die grundlegende Frage ist: Nehmen wir uns beim
Sex als gegenseitig begehrende Personen wahr, wobei
diese Wahrnehmung unsere eigene Begierde noch weiter
verstärkt, oder sind wir in unseren eigenen sexuellen
Fantasien gefangen, so dass die andere Person als Person
nebensächlich wird, wie nach Kant? Und ist es tatsächlich problematisch, wenn wir andere Personen als sexuelle
Objekte begehren? Feststeht, dass unsere Intuitionen
hier nicht unbedingt eindeutig sind. Vielleicht lässt sich
Sex also weder auf das eine noch das andere reduzieren;
schließlich gibt es eine ganze Bandbreite sexueller
Praktiken, bei denen manche die andere Person zum
Objekt machen und manche eben nicht. So oder so
scheint Sex nach diesen Theorien eine Handlung zwischen
zwei Personen zu sein. Was aber, wenn Sex mehr ist als das?
Zumindest würden die meisten Personen nicht zögern,

sexuelle Handlungen zwischen drei oder vier Personen als Sex zu bezeichnen. Aber können wir auch alleine Sex haben oder zumindest, ohne uns gegenseitig zu berühren? Greta Christina schreibt, dass sie eine Weile als Nackttänzerin in einer Peepshow gearbeitet hat; Kunden gehen in einen kleinen Raum, ungefähr wie eine Telefonzelle, werfen Geld in einen Automaten und der Vorhang vor der Glasscheibe, hinter dem eine nackte Frau tanzt, öffnet sich. Tänzerin und Kunde sehen sich, aber können sich nicht berühren oder verbal miteinander kommunizieren. Wenn das Geld alle ist, geht der Vorhang wieder zu. Christina erzählt, dass eines Tages ein Kunde reinkam, sich hinsetzte, sie anschaute und zu Masturbieren begann. Also sei sie nach vorne zur Glasscheibe gegangen, habe sich hingesetzt und ebenfalls masturbiert. Sie saßen sich gegenüber bis der Vorhang wieder zuging, lächelten sich an und masturbierten (und hatten beide eine tolle Zeit) (Christina 2002). Aber ist das Sex? Ohne Glasscheibe mit einer vertrauten Person würde dies ganz sicher als Sex gelten; schließlich zählen die meisten Personen gemeinsames Masturbieren zu sexuellen Handlungen. Aber so? Ohne auch nur die Möglichkeit des gegenseitigen Berührens? Wir sehen, nicht nur in Bezug auf das Begehren haben wir unterschiedliche Intuitionen. Die Frage ist, ob unsere unterschiedlichen Intuitionen trotzdem Aufschluss darüber geben können, was Sex eigentlich ist oder zumindest darüber, wann Sex problematisch ist und wann eben nicht.

Nach der Idee, dass sexuelle Interaktion durch gegenseitiges Begehren geprägt ist, würde Christinas Erfahrung möglicherweise als Sex gelten; schließlich hat gemeinsames Masturbieren viel damit zu tun, dass wir auf das Verhalten und die Begierde der anderen Person achten und diese unser eigenes Begehren noch verstärkt. Allerdings könnte man auch sagen, dass wir uns in dieser Situation eben gerade nicht als gegenseitig begehrende Personen wahrnehmen, sondern stattdessen nur auf unsere eigene Befriedigung konzentriert sind. Vielleicht würde auch Kant gemeinsames Masturbieren als Sex betrachten; zumindest dann, wenn wir besonders einzelne Körperteile der anderen Person begehren. Aber bedeutet das auch, wie Kant es annimmt, dass es sich daher um einen moralisch problematischen Sexakt handelt, weil man sich selbst entmenschlicht und als Objekt zur Befriedigung benutzt? Hier könnte man dafür argumentieren, Kants Fokus auf den mentalen Unterschied zwischen Sex und Masturbation zu übernehmen, nicht aber dessen moralische Implikationen. So könnten wir einen Unterschied zwischen Sex und Masturbation machen und trotzdem zulassen, dass gemeinsame Masturbation möglich ist. Danach wären sexuelle Handlungen, bei denen es uns (primär) um unsere eigene Befriedigung geht, Masturbation, und solche, bei denen es uns (primär) um die gemeinsame Befriedigung oder die Befriedigung einer anderen Person geht, Sex. Das macht es aber nicht unbedingt einfacher, denn erstens, könnte man dann sagen, dass eine sexuelle Interaktion zwischen zwei Personen, bei der es beiden primär um die eigene Befriedigung geht, nicht Sex, sondern Masturbation ist. Und zweitens, dass Greta Christina Sex hat, während ihr Kunde masturbiert? Beide Szenarien scheinen sich nur schwer mit unseren grundsätzlichen Intuitionen vereinbaren zu lassen.

Wir haben also immer noch nicht abschließend geklärt, was Sex eigentlich ist, noch haben wir es geschafft, uns darüber zu einigen, ob Sex durch gegenseitiges Begehren oder durch Objektifizierung oder durch beides beschrieben werden sollte. Und ob Sex eigentlich problematisch ist, sollten wir herausfinden, dass wir uns beim Sex tatsächlich zu sexuellen Objekten machen oder dazu gemacht werden. Zudem haben wir bisher nur sehr wenig darüber gesagt, was für ein körperlicher Akt Sex eigentlich ist. Was kommt nach dem gegenseitigen Begehren oder der Objektifizierung? Was machen wir eigentlich, wenn wir unsere Körper dazu benutzen, Sex zu haben?

Die Frage kann man auch so formulieren, dass gefragt wird, was „schlichter" Sex ist? Wie beschreiben wir Sex, wenn wir alle mentalen oder interpersonalen Aspekte außen vorlassen? Eine offensichtliche Antwort scheint auf der Hand zu liegen: Sex ist eine Aktivität, die darauf ausgerichtet ist, sexuelles Begehren zu befriedigen. Typischerweise haben wir Sex, weil wir damit unser sexuelles Begehren befriedigen wollen. Diese Antwort scheint auch durch unsere oben diskutierten Intuitionen gestützt zu werden. Wir waren uns zwar nicht darüber einig, was genau Begehren ist und ob dieses gegenseitig oder objektifizierend ist, aber dass Sex etwas mit Begehren zu tun hat, das scheint wenig kontrovers zu sein. Und wir können sogar noch einen Schritt weiter gehen. Sexuelles Begehren ist zunächst das Begehren eines anderen Körpers und der Lust, die diese Berührung verursacht. Diese Beschreibung trifft sowohl auf die Intuition zu, dass sexuelles Begehren ein gegenseitiges Begehren ist – also die Berührung eines anderen Körpers uns Lust verschafft, weil es sich um gegenseitige Berührung oder das gegenseitige Verlangen nach Berührung handelt. Die Beschreibung trifft aber auch zu, wenn wir davon ausgehen, dass Begehren etwas damit zu tun hat, dass wir uns selbst oder den Körper einer anderen Person objektifizieren – die Berührung eines anderen Körpers, schlicht als Körper, verschafft uns Lust. Obwohl unsere Intuitionen zwar sehr unterschiedlich ausgefallen sind, was die Frage betrifft, ob Sex eine gegenseitige oder eine einseitige Handlung ist, können wir hier festhalten, dass Sex erstens, etwas mit sexuellem Begehren zu tun hat und, zweitens, sexuelles Begehren als Begehren eines anderen Körpers und der damit verbundenen Lust charakterisiert werden kann. Diese sehr einfache und auf Körperlichkeit bezogene Definition richtet sich vor allem gegen Theorien, die annehmen, dass Sex ein Ziel oder einen Zweck haben muss, der über die reine Körperlichkeit hinausgeht; wie zum Beispiel bei der veralteten Annahme, dass Sex der Reproduktion dient, dass Sex Ausdruck von Liebe ist, ein Mittel zur Kommunikation oder zur zwischenmenschlichen Wahrnehmung. Sex ist primär körperlich und eben nicht Ausdruck tieferer Bewusstseinszustände.

Obwohl es vielleicht gute Gründe geben könnte, Sex noch umfassender zu definieren, möchte ich an dieser Stelle vorschlagen, die primär körperliche Lesart als Arbeitsdefinition zu übernehmen. Damit umfasst Sex im Folgenden also eine ganze Bandbreite von Handlungen und Aktivitäten zwischen zwei und mehr Personen, bei denen sich diese körperlich berühren, um ihr sexuelles Begehren zu stillen. Sex ist also eine Aktivität, die darauf ausgerichtet ist, sexuelles Begehren zu befriedigen, wobei sexuelles Begehren das Begehren eines anderen Körpers ist sowie die Lust, die die Berührung dieses anderen Körpers verursacht.

Sex ist demnach keine spezifische Handlung, sondern kann auf unterschiedliche Weise realisiert werden. Was ist dann aber mit dem Beispiel des Paares, das Sex zu einem bestimmten Zeitpunkt hat, um damit die Chancen auf ein Kind zu erhöhen? Dieses Paar hat Sex, ohne dass es zu diesem Zeitpunkt ein sexuelles Begehren verspürt. Unsere Definition von Sex muss also noch weiter ausgeweitet werden, um auch solche Beispiele einfangen zu können. Denn es wäre doch zweifelslos kontraintuitiv, wenn die Handlung des Paares, die ein Kind zeugen möchte, nicht als Sex verstanden würde. Mein Vorschlag ist, dass wir keine Definition mit hinreichenden und notwendigen

Bedingungen geben, sondern eine sogenannte Prototypen-Definition.

In der Philosophie, aber auch in anderen Disziplinen, charakterisiert eine klassische Definition mit hinreichenden und notwendigen Bedingungen den Ausdruck ganz genau, d. h. so, dass keine Fragen mehr offen bleiben. Dazu werden notwendige und hinreichende Bedingungen gegeben, die den Begriff genau beschreiben: Notwendige Bedingungen sind solche, die zwingend erfüllt sein müssen, damit eine Handlung als sexuelle Handlung gilt. Es kann also schlicht nichts als sexuelle Handlung gelten, dass nicht diese Bedingungen erfüllt. Und hinreichende Bedingungen sind solche, die eine Handlung zwangsläufig als sexuelle Handlung einstufen. Wenn eine Handlung die hinreichenden Bedingungen erfüllt, dann ist sie zwangsläufig eine sexuelle Handlung. Als Beispiel können wir uns noch einmal unsere Definition oben anschauen. *Sex ist eine Aktivität, die darauf ausgerichtet ist, sexuelles Begehren zu befriedigen.* Für alle Handlungen, die wir als Sex beschreiben wollen, ist es hiernach also notwendig, dass diese darauf ausgerichtet sind, sexuelles Begehren zu befriedigen. Gleichzeitig ist diese Ausrichtung auch hinreichend, damit eine Handlung als Sex gilt. Das bedeutet also, dass alle Handlungen und nur solche Handlungen, die auf die Befriedigung des sexuellen Begehrens abzielen, Sex sind. Aber, wie wir schon festgestellt haben, verträgt sich diese klassische und sehr genaue Definition nicht mit unseren Intuitionen, wonach auch das Paar, dass ein Kind zeugen möchte, Sex hat. Es macht an dieser Stelle also Sinn, nach einer anderen Definitionsform zu suchen.

Eine Prototypen-Definition beschreibt bestimmte typische Beispiele eines Begriffs, so dass anhand dieser Beispiele die Bedeutung des Begriffs abgeleitet werden kann. Wir können an dieser Stelle aber Gebrauch von der schon gegebenen Arbeitsdefinition machen, so dass wir Sex als eine Aktivität verstehen, die darauf ausgerichtet ist, sexuelles Begehren zu befriedigen und damit alle körperlichen Handlungen, die dieser Aktivität ausreichend *ähnlich* sind, auch als Sex beschreiben. Mit anderen Worten, wir können stipulieren, dass ein typisches Beispiel von Sex eben genauso *aussieht,* wie unsere oben genannte Definition beschreibt, dass es aber auch noch andere Beispiele gibt, die nicht unter diese Definition fallen, aber aufgrund ihrer Ähnlichkeit mit der Definition trotzdem als Sex zu verstehen sind. Das beinhaltet also, dass Handlungen, in denen es nicht primär um die Lust nach sexueller Befriedigung geht, dennoch als Sex definiert werden können, wenn sie den hier charakterisierten typischen Handlungen hinreichend *ähnlich* sind. Sexuelle Handlungen, bei denen es eben doch ausschließlich um Reproduktion und nicht um körperliche Befriedigung geht, sind ebenfalls Sex; körperliche Handlungen, die sexuelles Begehren befriedigen, sind körperlichen Handlungen, die zur Reproduktion dienen, hinreichend nah, d. h. sie teilen genügend Eigenschaften mit der oben gegebenen Definition. Und so vielleicht auch bestimmte Formen von gemeinsamer Masturbation. Nach dieser sehr weiten Lesart wäre es allerdings merkwürdig, davon zu sprechen, dass zwei Personen eine gemeinsame Handlung ausführen, aber nur eine der beiden Personen Sex hat. Denn auch wenn nur eine Person davon motiviert ist, sexuelles Begehren zu befriedigen, so ist die körperliche Handlung der anderen Person doch hinreichend ähnlich, um ebenfalls als Sex zu gelten. Monica Lewinsky und Bill Clinton hatten also beide Sex. Gemeinsam.

Das liefert uns zwar eine Idee davon, worüber wir sprechen, wenn wir über Sex sprechen, klärt aber natürlich nicht die Frage, ob Sex eine gegenseitige Handlung ist oder auch eine einseitige Handlung sein kann oder sogar immer eine einseitige Handlung ist, weil wir andere Personen dabei objektifizieren. Und es klärt auch viele verwandte Fragen nicht. Können wir auch alleine Sex haben? Ist Cybersex Sex? Im Film *Sleeper* (1973) von Woody Allen gibt es ein „Orgasmatron", eine Maschine, die denen, die sie benutzen, schnell und einfach mehrere Orgasmen liefert. Wir erfahren nicht, wie die Maschine eigentlich funktioniert – und auch heute, im Jahr 2021, ist so eine Maschine noch nicht auf dem Markt. Aber das bedeutet nicht, dass Sex immer ohne technische Hilfsmittel auskommt; viele von uns benutzen Dildos, andere Sexspielzeuge, Gleitcreme oder Viagra. Und Sex hat sich immer weiter auf den Bildschirm verlagert, entweder als herkömmlicher Porno, in Rollenspielen auf dem Computer oder vor der Kamera bei Fernbeziehungen. Wenn wir von Cybersex reden, meinen wir also gar nicht unbedingt Maschinen wie aus einem Science-Fiction-Film, sondern virtuelle Erotik, meist mit Hilfe des Computers oder des Internets: (gemeinsame) Masturbation vor dem Bildschirm, sexuelle Chatnachrichten, erotische E-Mails, aber auch sexuelle Stimulation mit Datenhelmen oder -handschuhen. Während das gemeinsame Masturbieren vor dem Bildschirm, bei dem sich beide Personen gegenseitig beobachten können, vielleicht noch hinreichend ähnlich mit der oben genannten Definition ist – eine sexuelle Aktivität, die darauf ausgerichtet ist, sexuelles Begehren nach der Berührung eines anderen Körpers und der damit empfundenen Lust zu befriedigen – ist dies fraglich für Sex in Rollenspielen. Für den Moment jedoch können wir diese Frage erst einmal beiseitelassen. Wichtig für uns ist, dass wir eine Arbeitsdefinition von Sex haben, die es uns erlaubt, über Sex zu sprechen und eine Theorie davon zu entwickeln, was an Sex problematisch sein kann. Wir werden sehen: Sexuelle Praktiken sind dann (moralisch) gut, wenn sie auf der Grundlage von sexueller Kommunikation und Respekt aufbauen und können problematisch sein, wenn sie dies nicht tun.

Take Home Message

Sex hat sowohl körperliche als auch mentale Momente und kann auf unterschiedliche Weisen realisiert werden – als Handlungen und Aktivitäten zwischen zwei und mehr Personen, wenn diese entweder eine körperliche Handlung ausführen, die darauf ausgerichtet ist, sexuelles Begehren zu befriedigen, oder eine körperliche Handlung, die diesen befriedigenden Handlungen ausreichend ähnlich ist.

1.2   Guter Sex, schlechter Sex, problematischer Sex – wo liegt das Problem?

Nach unserer Definition ist Sex weder moralisch gut noch schlecht, sondern eine neutrale Handlung. Das bedeutet nicht, dass Sex keinen Wert hat. Ganz im Gegenteil würden viele annehmen, dass Sex intrinsisch – also an sich – wertvoll ist. Schließlich legen wir (zumindest meistens) Wert darauf, mit wem wir Sex haben, wann wir Sex haben und was für Sex wir haben wollen. Das bedeutet aber noch nicht, dass Sex moralische Signifikanz hat. Warum also sollte man annehmen, dass Sex auch moralische Signifikanz hat? Nach vielen liberalen Positionen ist Sex moralisch gut, denn er dient zum Erhalt von Liebe, Kommunikation, Glück und so weiter. Die moralische Signifikanz liegt hier also nicht im Sex an sich, sondern folgt aus den moralisch wertvollen Konsequenzen. Wir haben gerne Sex, weil wir die Konsequenzen, die daraus erwachsen, schätzen. Das würde allerdings bedeuten, dass wir dazu angehalten sind, diese moralisch wertvollen Konsequenzen herzustellen, so fern wir das können. Mit anderen Worten, dass wir Sex haben sollten, wann immer wir können, weil wir Liebe, Kommunikation und Glück herstellen sollten, wann immer wir können. Das scheint fragwürdig. Das Glück oder auch einfach nur die Befriedigung, die Sex bringt, ist zwar gut und wertvoll, aber wir haben ganz sicher keine moralische Verpflichtung, dieses Gut zu empfinden oder zu produzieren. Wenn wir keinen Sex wollen, dann müssen wir auch keinen Sex haben – vollkommen unabhängig davon, ob die Konsequenzen gut wären oder nicht.

Nach vielen konservativen Positionen – wie diejenige Kants – ist Sex moralisch falsch, häufig mit der Ausnahme von Sex zum Zweck der Fortpflanzung innerhalb einer bestehenden Ehe. Dabei spielen wieder die Konsequenzen die tragende Rolle. Sex ist genau dann moralisch gut oder zumindest nicht moralisch falsch, wenn wir dadurch ein Kind zeugen. Warum aber ist Sex, der nicht der Fortpflanzung dient, moralisch falsch? Beim Sex benutzen wir nach Kant die andere Person nur zum Zweck für unsere eigene Befriedigung, behandeln sie aber nicht als Person. Wir objektifizieren die andere Person also. Hier geht es also wieder um unsere mentalen Zustände. Aber wir haben oben schon gesehen, dass es gar nicht eindeutig ist, ob wir bei jeder sexuellen Handlung eine andere Person oder uns selbst sexuell objektifizieren. Schließlich waren unsere Intuitionen nicht eindeutig im Hinblick auf die Frage, ob Sex objektifiziert oder ob Sex nicht vielmehr ein gegenseitiges Element beinhaltet. Und wir hatten festgehalten, dass unsere Definition sowohl sexuelle Handlungen beschreibt, die objektifizierend sind als auch solche, die es eben nicht sind. Sexuelle Objektifizierung, so werden wir später sehen, ist tatsächlich moralisch problematisch, aber es ist kein moralisches Argument gegen Sex an sich – wenn überhaupt, dann ist es ein moralisches Argument gegen einseitig befriedigenden Sex. Und auch der ist vielleicht noch nicht notwendigerweise sexuell objektifizierend und deswegen moralisch problematisch.

Der Grund, warum Sex häufig entweder als moralisch gut oder schlecht eingestuft wird, liegt meiner Meinung nach auch darin, dass hier eine Verwechslung von gutem oder schlechtem mit *moralisch* gutem oder schlechtem Sex vorliegt. Aber nicht jeder gute Sex ist auch moralisch gut und nicht jeder schlechte Sex ist auch moralisch schlecht oder problematisch. Wenn wir bewerten wollen, ob Sex gut ist, dann schauen wir uns vielleicht an, ob der Sex Spaß macht oder nicht. Sex, der Spaß macht, so könnte man erstmal annehmen, ist guter Sex. Sex, der keinen Spaß macht, ist schlechter Sex. Wenn wir aber bewerten wollen, ob Sex moralisch gut ist, dann wollen wir etwas darüber sagen, ob der Sex legitim ist – ob es uns also moralisch erlaubt ist, diese Art von Sex zu haben (oder überhaupt Sex zu haben). Nehmen wir beispielsweise mal an, dass Sex moralisch gut ist, wenn alle Beteiligten der sexuellen Handlung zugestimmt haben. Von moralischer Signifikanz ist dann allein die Frage, ob Zustimmung gegeben wurde oder nicht. Wenn der Sex darüber hinaus auch noch Spaß macht, dann haben wir es mit gutem und *moralisch* gutem Sex zu tun. Die Frage ist aber, ist Sex (qualitativ) gut, weil er Spaß macht? Und ist Sex allein schon deswegen moralisch gut, weil alle Beteiligten zugestimmt haben? Was also ist moralisch guter Sex und was ist moralisch schlechter Sex? Wann wird aus einem neutralen Sexakt eine problematische Handlung? Das sind die Fragen, die uns in diesem Buch primär interessieren werden, und dabei wird es viel um sexuelle Objektifizierung, sexuelle Zustimmung und Respekt gehen. Wir werden sehen, dass problematischer Sex mehr ist also nur schlechter Sex, und dass es keine ganz scharfe Trennlinie gibt zwischen moralisch gutem und moralisch problematischem Sex. Aber wir werden auch sehen, dass es sehr wohl einen Zusammenhang gibt zwischen gutem – also für alle Personen befriedigendem – Sex und moralisch gutem Sex, ebenso wie zwischen schlechtem Sex und moralisch problematischem Sex. Im Folgenden werde ich im Hinblick darauf sechs Thesen vertreten.

Thesen des Buches

1. Wir müssen uns über Sex und Moral unterhalten, weil unsere sexuellen Handlungen wichtige moralische, erkenntnistheoretische und politische Fragen aufwerfen (Kap. 2).
2. Sex passiert nicht im luftleeren Raum, sondern vor dem Hintergrund von sozialen Ungleichheiten; die Frage, was moralisch problematische und was moralisch unproblematische sexuelle Handlungen ausmacht, kann nur vor diesem Hintergrund zulänglich untersucht werden (Kap. 3).
3. Damit eine sexuelle Handlung moralisch zulässig ist, müssen alle beteiligten Personen (a) die Fähigkeit besitzen, Zustimmung zu geben, (b) genügend informiert sein und (c) freiwillig ihre Zustimmung äußern (Kap. 4).
4. Sexuelle Zustimmung beinhaltet sowohl ein mentales als auch ein performatives Element und muss die Bedingung der Handlungsfähigkeit erfüllen, um Gültigkeit zu erlangen (Kap. 4 und 5).
5. Das performative Element von Zustimmung sollte weder als *Ja heißt Ja*-Modell noch als *Nein heißt Nein*-Modell verstanden werden, sondern als Modell der sexuellen Kommunikation (Kap. 5).
6. Wir können keinen für alle Beteiligten guten Sex haben, der moralisch problematisch ist; moralisch guter Sex – Sex mit Respekt auf der Grundlage von sexueller Kommunikation – ist eine Notwendigkeit für guten Sex. Leider ist aber nicht jeder Sex mit Respekt auch guter Sex (Kap. 6).

1.3   Ein paar Worte zum Thema Feminismus

Im Folgenden möchte ich auch zeigen, dass Zustimmung ein feministisches Werkzeug ist. Dazu braucht es zunächst ein paar Worte darüber, was das Wort ‚Feminismus‘ hier zu bedeuten hat – denn das ist keinesfalls unstrittig. Häufig wird angenommen, beim Feminismus geht es um die Belange von Frauen. Oder etwas zugespitzter: Beim Feminismus geht es um die Abschaffung der Unterdrückung von Frauen. Nun könnte man aber erstens einwerfen, Frauen seien doch gar nicht mehr unterdrückt oder zumindest nicht so stark wie sie es einmal waren. Und zweitens, dass es beim Thema Sex doch nicht nur um Frauen geht: Männer haben schließlich auch Sex – und zwar mit Frauen, aber auch ohne Frauen. Der erste Einwand würde bedeuten, dass Feminismus an sich überholt ist und nicht mehr gebraucht wird. Der zweite Einwand würde bedeuten, dass wir Feminismus zumindest nicht in Bezug auf Sex brauchen, denn das ist eine Angelegenheit von allen. Ich möchte hier kurz zeigen, warum weder der erste noch der zweite Einwand zutreffen und eine Definition von Feminismus anbieten, die über die simple Unterdrückung oder Angelegenheit von Frauen hinausgeht.

Bevor ich einen Vorschlag mache, wie Feminismus – zumindest in diesem Buch – verstanden werden sollte, möchte ich zunächst kurz die Annahme diskutieren, dass Feminismus überholt ist und nicht mehr gebraucht wird, weil Frauen nicht mehr oder zumindest nicht mehr so stark unterdrückt sind. Im letzteren Fall lässt sich natürlich rasch sagen, dass der Feminismus dann noch so lange gebraucht wird, bis Frauen *überhaupt nicht mehr* unterdrückt sind. An dieser Stelle möchte ich mich also auf den

Einwand konzentrieren, dass der Feminismus überholt ist, weil Frauen nicht mehr unterdrückt sind.

Klarerweise sind Frauen immer noch unterdrückt, besonders wenn man das Problem global betrachtet. Eine Studie aus dem Jahr 2019 der Organisation *Equal Measures 2030* (EM 2019), die sich mit der Gerechtigkeit zwischen den Geschlechtern auseinandersetzt, zeigt, dass Mädchen und Frauen weltweit strukturell sowohl in ihren Rechten als auch ihrem Wohlbefinden benachteiligt sind: In manchen Regionen dürfen Mädchen und Frauen immer noch nicht die Schule oder Universität besuchen, Frauen sind stärker von Hunger und Armut betroffen, werden häufiger als Männer Opfer von sexueller, sexualisierter und häuslicher Gewalt, erledigen öfter unbezahlte Tätigkeiten, werden schlechter bezahlt als Männer und sind in Entscheidungspositionen und -prozessen unterrepräsentiert. Die Ungleichheit zeigt sich also in den Bereichen Arbeit, Armut, politischer Teilhabe und Gewalt. Das Ergebnis der Studie ist, dass 80 % aller Mädchen und Frauen weltweit in Ländern leben, in denen die EM 2030 der Geschlechtergerechtigkeit einen schlechten bis sehr schlechten Stand attestiert.

Jetzt kann man natürlich einwenden, dass dies zwar schockierend ist, aber keineswegs bedeutet, dass Frauen auch in den westlichen Ländern weiterhin unterdrückt sind; schließlich haben Frauen das Wahlrecht, gleiche Chancen auf Bildung sowie gleiche Rechte. Die EM 2030 zeigt allerdings, dass es weltweit kein Land gibt, in dem die Benachteiligung von Frauen vollkommen aufgehoben ist. Auch in den Ländern – ganz vorne dabei Dänemark, Finnland und Schweden –, in denen die Studie einen guten Index erzielt, verdienen Frauen nach Berechnung des Weltwirtschaftsforums weniger als Männer, sind seltener überhaupt erwerbstätig und wenn, dann häufiger in Teilzeit oder in schlechter bezahlten

Berufen. Weltweit verdienen Frauen nur 63 % des Lohns von Männern. Frauen sind dadurch auch in den westlichen Ländern immer noch stärker von Armut und schlechteren Bildungschancen betroffen als Männer. Zudem haben Frauen es auch hier schwerer, an Entscheidungsprozessen teilzuhaben wie beispielsweise der Frauenanteil in Parlamenten oder Führungspositionen zeigt (in Deutschland liegt der Frauenanteil in Parlamenten bei 31 %, das bedeutet, dass nicht einmal ein Drittel der Parlamentsplätze mit Frauen besetzt sind). Außerdem sind auch in westlichen Ländern Frauen von sexueller, sexualisierter und häuslicher Gewalt betroffen. In Deutschland wurden 2018 laut BKA-Statistik 140.755 Personen Opfer versuchter oder vollendeter Gewalt (z. B. Mord und Totschlag, Körperverletzung, Vergewaltigung, sexuelle Nötigung etc.) – 81,3 % davon Frauen, 18,7 % Männer. Bei Vergewaltigung und sexuellen Übergriffen sind die Opfer sogar zu 98,4 % Frauen. 2019 gab es mehr als 141.000 Opfer häuslicher Gewalt – 81 % davon waren Frauen. Jetzt kann man natürlich einwenden, dass die Dunkelziffer bei häuslicher sowie sexueller und sexualisierte Gewalt sehr hoch ist und es deshalb anzunehmen sei, dass die Dunkelziffer bei Männern noch höher ist. Dies wiegt aber das Ungleichverhältnis nicht auf. So sind beispielsweise 2018 122 Frauen durch Partnerschaftsgewalt getötet wurden – mit anderen Worten: Jeden dritten Tag wird in Deutschland eine Frau von ihrem Partner oder Ex-Partner getötet (Bundesregierung 2019; BMFSFJ 2019). Wir können aus all dem folgern, dass Frauen auch in westlichen Ländern keineswegs gleichgestellt sind und Feminismus also durchaus weiter notwendig ist – auch oder gerade in Bezug auf Sex.

Ich möchte aber vorschlagen, Feminismus nicht nur als Angelegenheit von Frauen zu verstehen. Feminismus richtet sich in erster Linie gegen tradierte Geschlechterrollen und befasst sich daher sowohl mit Frauen als auch mit Männern sowie mit allen Personen, die sich nicht eindeutig in die Rolle von Frau oder Mann einordnen lassen. Hierzu benötigt es einige Erklärungen. Tradierte Geschlechterrollen sind solche, die Frauen und Männern aufgrund (biologischer) Eigenschaften ein bestimmtes Verhalten nahelegen. So wird etwa häufig angenommen, dass Frauen, weil sie beispielsweise emotionaler oder einfühlsamer sind, besser für den Haushalt und die Kinder sorgen können und Männer, weil sie rationaler oder ehrgeiziger sind, bessere Karriereaussichten haben. Diese zugeschriebenen Eigenschaften werden entweder biologisch gerechtfertigt oder als Vorlieben beschrieben: Männer sind von Natur aus ehrgeiziger, oder Frauen kümmern sich einfach lieber um die Kinder als dass sie Karriere machen. Spätestens mit den Theorien von Simone de Beauvoir oder Judith Butler lässt sich aber zeigen, dass Frauen und Männer keine unterschiedlichen biologischen Eigenschaften haben. Wenn Frauen tatsächlich besser darin sind, auf Kinder aufzupassen bzw. einfühlsamer zu sein, dann liegt das daran, dass Frauen in diese Rolle hineinsozialisiert werden. Bei Frauen werden von klein auf verstärkt die Fähigkeiten gefördert, die wichtig sind, um später auf die Kinder aufzupassen oder andere Sorge-Tätigkeiten zu übernehmen. Geschlechterrollen sind aber nicht nur beschreibend, sondern auch normativ. Das bedeutet, es ist nicht nur so, dass wir tatsächlich den Eindruck haben, dass Frauen besser mit Kindern umgehen, einfach weil wir dies tagtäglich auf der Straße vorgelebt bekommen, sondern dass Frauen von anderen dafür belohnt werden, wenn sie sich ihrer Rolle entsprechend verhalten. Frauen bekommen also Zuspruch, wenn sie im Job kürzertreten und sich stattdessen auf ihr Kind konzentrieren. Und ihnen schlägt Ablehnung entgegen, wenn sie darauf insistieren, dass Kind schon mit wenigen Monaten in den Kindergarten zu geben, damit sie weiter an ihrer Karriere arbeiten können. Außerdem sind unsere sozialen Strukturen so eingerichtet, dass sie diese Verteilung der Geschlechterrollen unterstützen. Es ist z. B. für Frauen häufig immer noch einfacher, Elternzeit zu nehmen, als für Männer. Männer arbeiten meist in besser bezahlten Berufen oder werden im selben Beruf besser entlohnt. Diese Tatsache führt dazu, dass für Eltern die Entscheidung rational ist, dass die Frau mit Kind zuhause bleibt, während der Mann weiter arbeiten geht.

Das ist aber nicht nur schlecht für Frauen. Es schränkt sowohl die Möglichkeiten von Frauen als auch die Möglichkeiten von Männern ein und führt dazu, dass wir in unseren Entscheidungen an die Geschlechterrollen gebunden sind – ob wir das nun wollen oder nicht. Natürlich gibt es Ausnahmen, und natürlich sind wir oftmals frei, uns anders zu entscheiden, aber solche Entscheidungen kosten Energie und einen erhöhten Aufwand. Erstens müssen wir uns gegen unsere eigene Sozialisation stellen, die wir oft unbewusst in uns tragen. Zweitens werden uns bei Entscheidungen, die sich gegen die tradierten Geschlechterrollen richten, Stolpersteine in den Weg gelegt – sei es der besorgte Kommentar der eigenen Mutter oder die bürokratischen Hürden, die wir meistern müssen. Und natürlich ist eine strikte Einteilung nach Frauen und Männern schlecht für alle, die sich dieser Einteilung nicht fügen wollen oder können. Feminismus sollte also verstanden werden als Bewegung, die sich gegen tradierte Geschlechterrollen und die Aufteilung von Individuen als Frau oder Mann richtet. Dies ist ganz besonders relevant für eine Sexualethik, denn tradierte Geschlechterrollen implizieren auch ein bestimmtes Verständnis sexueller Rollen – also welche Rollen wir als Frauen oder Männer im Bett einnehmen sollten. Dazu aber später mehr.

Eine kleine Anmerkung zu sprachlichen Konventionen: In diesem Buch wird mit Sternchen gegendert, um zu zeigen, dass es auf dem Geschlechtsspektrum zwischen Frauen und Männern noch andere Geschlechter und Alternativen gibt. Ich benutze außerdem den Begriff ‚behinderte Personen' anstelle von ‚Personen mit Behinderung', da ich Behinderung (im Gegensatz zu Beeinträchtigung) als soziales Konstrukt verstehe und ‚behinderte Personen' hier analog zu ‚homosexuelle Personen', ‚trans* Personen', etc. gesehen werden sollten.

2

Wieso ist es wichtig, sich mit Moral und Sex zu befassen? Eine Argumentation am Beispiel von #MeToo

„Sprich mit ihr über Sex und das möglichst früh."

Chimamanda Ngozi Adichie, Dear Ijeawele

Warum sollten wir uns mit Moral und Sex befassen? Ist Sex nicht vielmehr eine Privatsache, die nicht politisch verhandelt werden sollte? Vor noch nicht langer Zeit gehörten Sex und Moral unwiderruflich zusammen; Sex galt nur unter bestimmten Umständen als moralisch erlaubt und ansonsten schlicht als falsch. Etwas, was man nicht tun sollte – zumindest nach Meinung der christlichen Tradition. Tatsächlich waren es die Errungenschaften einer liberalen und sex-bejahenden Bewegung, die Sex und Moral entkoppelten. So war das Thema Sex in den 1950er Jahren noch tabu. Jungen wuchsen zum Beispiel damit auf, dass man von Selbstbefriedigung Rückenmarkschwindsucht bekommt und Frauen wurde beigebracht, dass der

© Der/die Autor(en), exklusiv lizenziert durch Springer-Verlag GmbH, DE, ein Teil von Springer Nature 2021
H. C. Hänel, *Sex und Moral – passt das zusammen?*, #philosophieorientiert,
https://doi.org/10.1007/978-3-476-05776-1_2

Orgasmus für sie schädlich ist. Homosexualität stand unter Strafe und Sex vor der Ehe stürzte einen ins Unglück. Sex galt jetzt als etwas Schönes, als private Angelegenheit. Und das bedeutete endlich auch, dass jegliche konsensuelle sexuelle Aktivität erlaubt war; es ist schließlich unsere Sache, was wir im Bett (oder woanders) machen und geht niemanden etwas an, solange wir keine rechtlichen Grenzen überschreiten. Sex und Moral endlich voneinander zu trennen, war eine wichtige Errungenschaft. Warum sollten wir jetzt beides wieder zusammenfügen? Ein Grund dafür ist, dass Sex für alle Beteiligten etwas Schönes sein sollte – es aber leider nicht immer ist. Ein anderer Grund ist, dass Sex vor dem Hintergrund einer ungerechten und ungleichen Gesellschaft passiert – nicht alle haben immer dieselben Möglichkeiten zu äußern, was sie sexuell gerne wollen oder eben nicht wollen. Spätestens seit #MeToo sollte dies offensichtlich geworden sein. Über Sex und vor allem über moralisch problematischen Sex zu sprechen, ist aus drei Gründen wichtig. Es ist *moralisch* wichtig, weil wir eben nicht alle die gleichen Möglichkeiten haben. Es ist *für unser Wissen* wichtig, weil wir entscheidende Erkenntnisse nicht lernen, wenn wir nicht über Sex reden. Und es ist *politisch* wichtig, weil diejenigen, die verletzende Erfahrungen machen, unsere Solidarität verdienen. Sex und Moral wieder zusammen zu bringen, bedeutet keine Rückkehr zur konservativen Auffassung, wonach jeglicher Sex, der nicht der Reproduktion in der Ehe gilt, moralisch verwerflich ist. Sex und Moral in einen Zusammenhang zu stellen, soll vielmehr helfen, dass wir nicht nur *alle* moralisch unproblematischen Sex haben, sondern dass wir *alle* auch einfach guten Sex haben.

Am 5. Oktober 2017 wird in der *New York Times* ein Artikel veröffentlicht, in dem Hollywood-Produzent Harvey Weinstein sexuelle Belästigung vorgeworfen wird. Zehn

Tage später ruft die US-Schauspielerin Alyssa Milano mit dem Hashtag #MeToo Frauen dazu auf, in sozialen Medien ihre Erfahrungen mit sexueller Gewalt zu teilen. Sie twittert:

> Von einer Freundin empfohlen: Wenn alle Frauen, die sexuell belästigt oder angegriffen wurden, als Status „me too" schrieben, dann könnten wir anderen vielleicht einen Eindruck vom Ausmaß des Problems geben (Twitter, 10:21 PM, Oct 15 2017, im Original: "Suggested by a friend: If all the women who have been sexually harassed or assaulted wrote 'me too' as a status, we might give people a sense of the magnitude of the proble.").

In den ersten 24 h nach ihrem Tweet wurde der Hashtag #MeToo mehr als eine halbe Million Mal auf Twitter und mehr als zwölf Millionen Mal auf Facebook verwendet. Das war jedoch nicht das erste Mal, dass #MeToo als Ausdruck benutzt wurde. Bereits 2006 benutzte die schwarze Aktivistin Tarana Burke den Hashtag, um auf den sexuellen Missbrauch an afroamerikanischen Frauen und Mädchen in den USA aufmerksam zu machen (Adetiba 2017). Und auch in anderen Ländern gab es ähnliche Bewegungen: #Aufschrei in Deutschland, #PrimaveraVioleta (Lila Frühling) und #VivasNosQueremos (We Want Ourselves Alive) in Mexiko sowie die Massenproteste nach der Gruppenvergewaltigung der Studentin Jyoti Singh Pandey in Indien. Es besteht ein überwältigendes Bedürfnis, moralische Verletzungen zum Ausdruck zu bringen, die sich in Form von sexueller Gewalt an Frauen von Männern zeigen. Dies soll natürlich nicht bedeuten, dass Männer nicht von sexueller oder sexualisierter Gewalt betroffen sind. Tatsächlich handelt es sich bei dieser Form von Gewalt aber primär um ein strukturelles Problem, von dem überwiegend Frauen – sowie trans* Personen, inter* Personen und queere Personen – betroffen sind (s. hierzu Abschn. 1.3). #MeToo, ebenso wie andere Bewegungen, ist nicht mehr nur ein Aufzeigen von sexueller Gewalt, sondern hat sich zu einer Debatte um die Gleichberechtigung von Frauen und Männern entwickelt.

Aber nicht alle denken, dass sexuelle Gewalt tatsächlich das Ausmaß annimmt, das #MeToo vermuten lässt. Eine Kritik an der #MeToo-Bewegung ist, dass nicht alle Erfahrungen, die als sexuelle Gewalt unter dem Hashtag #MeToo gemeldet wurden, tatsächlich Fälle von sexueller Gewalt sind; strafbewehrte Handlungen auf der einen Seite und vermeintlich harmloser Alltagssexismus auf der anderen sollten nicht mit demselben Schlagwort bezeichnet werden. So schreibt die Kolumnistin Bari Weiss beispielsweise, dass Frauen, die sich durch sexuelle Annäherungsversuche von Männern unwohl fühlen, einfach aufstehen und gehen sollen. Wenn sie dies nicht tun, dann haben sie selbst Schuld am „schlechten Sex", der folgt, und sollten danach nicht „sexuelle Gewalt" rufen (Weiss 2018). Die zugrundeliegende Idee ist, dass die Vermischung von Berichten „echter" sexueller Gewalt mit Berichten von schlechtem Sex als vermeintliche Fälle sexueller Gewalt im Namen von #MeToo zu dem Eindruck führt, dass gar nicht so viele Frauen unter sexueller Gewalt leiden, wie es den Anschein hat. Außerdem, so wird argumentiert, diskreditieren diejenigen, die schlechten Sex als sexuelle Gewalt missverstehen, die feministische Bewegung, setzen „echte" Erfahrungen von sexueller Gewalt herab und pressen Frauen in eine Opferrolle – als diejenigen, denen konstant Leid angetan wird und die sich nicht dagegen wehren können.

Aber wer entscheidet nun, was sexuelle Gewalt und was „nur" schlechter Sex ist? Und können Frauen eigentlich wirklich immer und jederzeit aufstehen und gehen, wenn ihnen ein sexueller Annäherungsversuch nicht passt?

Und wer glaubt hinterher eigentlich wem? Hier geht es um Fragen der Rolle von Zeugenaussagen im Zusammenhang mit sexueller Gewalt und der Unglaubwürdigkeit, die vielen Opfern sexueller Gewalt immer noch zugeschrieben wird – entweder aufgrund des marginalisierten Charakters der Erfahrung selbst, wie es bei Erfahrungen mit unerwünschtem, aber einvernehmlichem Geschlechtsverkehr, sexueller Gewalt in intimen Partnerschaften oder sexueller Gewalt in homosexuellen Beziehungen der Fall ist, oder aufgrund der marginalisierten Stellung der Zeugin, zum Beispiel bei sexueller Gewalt gegen trans* Personen, Erfahrungen schwarzer Frauen mit sexueller Gewalt, die von weißen Männern verübt wurde, Erfahrungen von Flüchtlingen oder illegalen Einwanderinnen, von behinderten Personen und Sexarbeiterinnen oder auch die Erfahrungen von Männern mit sexueller Gewalt. Diese Fälle werfen tiefgreifende moralische und politische Fragen über das Wissen und die ungleiche Beurteilung von Zeugenaussagen auf.

Warum aber sollten wir uns überhaupt darum kümmern, wem wann geglaubt wird und was im Namen von #MeToo geschrieben wird? Welches sind denn die moralischen, erkenntnistheoretischen und politischen Fragen, die sich hier stellen? Menschen, die von sexueller Gewalt betroffen sind, erfahren vielfältige Ungerechtigkeiten – zum Beispiel, wenn bestimmten Personen einfach nicht geglaubt wird oder wenn bestimmte Personen nicht in der Lage sind, auf sexuelle Übergriffe zu reagieren. Es liegt auf der Hand, dass dies ein moralisches Problem für unsere sozialen Gemeinschaften ist. Darüber hinaus sind unsere Wissensressourcen ungenau oder (zumindest) unvollständig, wenn wir das Wissen von denen, die von sexueller Gewalt betroffen sind, nicht mit einbeziehen. Wir haben es also auch mit einem Erkenntnisproblem zu tun. Und nicht zuletzt fehlt es uns politisch an

Solidarität mit einigen Personen, die unsere Solidarität brauchen und verdienen. Im Folgenden sollen diese drei Probleme genauer beleuchtet werden, denn, so werde ich argumentieren, #MeToo kann Aufschluss darüber geben, warum es wichtig ist, sich mit Moral und Sex auseinanderzusetzen.

2.1   #MeToo als Antwort auf ein moralisches Problem

Gerade in Bezug auf Sex spiegeln sich die grundlegenden Ungleichheiten und Ungerechtigkeiten zwischen den Geschlechtern signifikant wider. Kate Manne legt in ihrem Buch *Down Girl* eindrucksvoll dar, inwieweit Frauen und Männer sich in bestimmten Geschlechterrollen wiederfinden. Frauen nehmen die Rolle der Gebenden ein. Männer die Rolle der Nehmenden. Damit verbinden sich bestimmte Erwartungen an Frauen und Männer; es wird erwartet, dass Frauen geben, und es wird ebenso erwartet, dass Männer nehmen. Diese Erwartungshaltung führt einerseits dazu, dass Frauen und Männer unterschiedliche Möglichkeiten haben, Verletzungen aus dem Weg zu gehen, und andererseits, dass sie für ihre Handlungen im Nachhinein anders bewertet werden. Da von Frauen erwartet wird, dass sie geben, und sie entsprechend sozialisiert sind, ist es ihnen eben nicht immer möglich, einfach zu gehen, wie Bari Weiss schreibt, wenn sie sich mit der sexuellen Aufdringlichkeit von Männern nicht wohl fühlen. Vielmehr haben sie verinnerlicht, dass es ihre Aufgabe ist, dafür zu sorgen, dass es dem Mann gut geht, dass der Mann nicht unzufrieden ist, dass der Mann bekommt, was er will. Vielleicht ist es das Gefühl, dem Mann etwas zu schulden, etwas versprochen zu haben, was man nun nicht mehr geben will, den Mann auf die falsche Fährte gelockt zu haben. Tatsächlich zeigen Studien, dass Frauen häufig sich selbst die Schuld geben, wenn der Mann übergriffig wird – eben weil sie nicht einlösen, was eigentlich ihre Aufgabe ist zu geben (Ro 2018). Auch wenn Frauen sich nicht wohl fühlen, ist es kein leichter Schritt, diese Sozialisation einfach über den Haufen zu werfen und entgegen der tradierten Rollenvorstellungen zu reagieren. Es ist stattdessen einfacher, zu bleiben und ‚passieren‘ zu lassen, was man tatsächlich ablehnt. Und ebenso die Erwartungen der Männer: Männer sind sozialisiert, argumentiert Manne, zu nehmen – Frauenkörper, Karriere, Aufmerksamkeit. Der Mann ist der Meinung, dass ihm etwas zusteht, und wenn ihm etwas zusteht, dann muss es jemanden geben, der dies erfüllt – das ist die Rolle der Frau. Seine Aufdringlichkeit und das Unwohlsein der Frau wird so von ihm nicht mehr unbedingt als Aufdringlichkeit wahrgenommen, schließlich ist es sein gutes Recht, zu nehmen und zu fordern, was er will. Dies bedeutet im Umkehrschluss natürlich auch, dass Männer oft in ihren Entscheidungen und ihren Handlungen eingeschränkt sind. Die tradierten Rollenvorstellungen sind schließlich nicht nur eine Handlungsanweisung für Frauen, sondern eben auch für Männer. Männer sollen hiernach aktiv und stark sein, nicht aufgeben, und sich nehmen, was ihnen zusteht. Dies schränkt die Möglichkeiten von Männern, anders zu handeln genauso ein, wie es die Möglichkeiten für Frauen einschränkt.

Die unterschiedlichen Geschlechterrollen des Gebens und Nehmens führen auch dazu, dass wir Handlungen von Frauen und Männern im Nachhinein unterschiedlich bewerten. Frauen werden häufig dafür gerügt (und in manchem Fällen sogar mit Gewalt bestraft), wenn sie flirten, aber dann nicht mehr wollen. Oder wenn sie schlicht und einfach nicht geben, was ihrer Rolle entspricht – ihren Körper, ihre Aufmerksamkeit, ihre Fürsorge. Männer dagegen werden nur selten dafür bestraft, wenn sie sich einfach nehmen, was sie wollen – auch, wenn die Frau gar nicht bereit dazu ist. Eine EU-Studie zeigt, dass nur 15 % der Frauen, die in Deutschland sexuelle oder häusliche Gewalt erleben, zur Polizei gehen. Zur Anzeige gebracht werden davon im Durchschnitt nur 16 %, Statistiken der einzelnen Bundesländer landen bei weniger als 8 %. Und davon werden wiederum nicht alle verurteilt. Tatsächlich endeten 2012 nur 8,4 % der angezeigten Vergewaltigungen mit einer Verurteilung des Täters (Britzelmeier 2016). So erklärt Kate Manne dies als das Phänomen der *Himpathy*, abgeleitet von „him" (Englisch für „ihm") und „empathy" (Englisch für „Empathie"). Männer bekommen überdurchschnittlich viel Empathie zugesprochen, wenn sie für etwas bestraft werden, was ihnen nach der sexistischen Ordnung des Geben und Nehmen eigentlich zusteht; wenn sie beispielsweise nach einer Vergewaltigung doch schuldig gesprochen werden. Und gleichzeitig rechtfertigt diese Erwartungshaltung sexuelle und häusliche Gewalt an Frauen – nach dieser Logik ist es gerechtfertigt, jemanden zu bestrafen, der sich nicht den Erwartungen entsprechend verhält.

Hier wird noch ein weiteres Problem offensichtlich. Frauen, die – wie Bari Weiss verlangt – einfach gehen, wenn sie etwas nicht wollen, haben zu Recht Angst vor Gewalt. Die meisten Frauen haben selbst schon Gewalt von Männern erlebt oder kennen eine Frau, die solche Gewalt erlebt hat. Zusätzlich wachsen Frauen mit dem Wissen auf, dass die meisten Männer ihnen körperlich überlegen sind. Es ist eine gerechtfertigte Annahme zu befürchten, dass Männer, deren Erwartungen enttäuscht werden, mit Gewalt reagieren. Genauso wie es eine gerechtfertigte Annahme ist, dass Männer, die sehr aufdringlich sind, nicht davor zurückschrecken, Gewalt anzuwenden, sollten sie mit ihrer Aufdringlichkeit keinen Erfolg haben. Frauen befinden sich also häufig in einer doppelt schwierigen Situation, sie müssen die mögliche Reaktion des Mannes vor dem Hintergrund unterschiedlicher Kräfteverhältnisse und der sexistischen Erwartungshaltung beurteilen und gleichzeitig gegen ihre eigene Sozialisation ankämpfen. Da ist es nicht mehr schwer zu verstehen, warum Frauen manchmal bleiben und Sex haben, auch wenn sie eigentlich lieber gehen würden. Dass das vielleicht noch keine Vergewaltigung ist, ist eine andere Sache. Nicht willkommen ist die Handlung aber auf alle Fälle. Und ganz sicher hätte die Frau lieber anderen Sex gehabt als diesen – oder eben lieber gar keinen. Die Möglichkeiten zu sagen, ob und was für Sex gewollt oder eben nicht gewollt ist, sind nicht gleich verteilt. Das ist ein moralisches Problem der Ungerechtigkeit. Aber es ist nicht das Einzige.

2.2 #MeToo als Antwort auf ein Erkenntnisproblem

Es ist eine zentrale Erkenntnis der feministischen Philosophie, dass – aufgrund der unterschiedlichen Möglichkeiten, die Männer und Frauen haben, Sex abzulehnen – sexuelle Gewalt oftmals nicht als solche anerkannt wird, und dass denjenigen, die sie erfahren, nicht geglaubt wird. Die Philosophin und Juristin Catharine MacKinnon hat deswegen schon früh postuliert, dass sie Frauen, die über ihre Erfahrungen mit sexueller Gewalt berichten, generell Glauben schenkt; sie schreibt, „politisch nenne ich Vergewaltigung, wann auch immer eine Frau Sex hat und sich verletzt fühlt. […] Ich spreche hier von dem Versuch, den Charakter der Relationen zwischen Frauen und

Männern zu verändern, indem wir Frauen anhalten, sich selbst zu fragen ‚Fühle ich mich verletzt?'. Teil der Kultur sexueller Ungleichheit, die dazu führt, dass Frauen Vergewaltigungen nicht zur Anzeige bringen, ist das Problem, das die rechtliche Definition von Vergewaltigung nicht unsere Verletzungen widerspiegelt" (MacKinnon 1987, 82, Übers. H.C.H.). Das, was wir als sexuelle Gewalt verstehen – paradigmatisch die brutale Vergewaltigung durch einen Fremden – ist nicht das, was viele Frauen tagtäglich als sexuelle Gewalt erleben. Tatsächlich führt aber die falsche Auffassung darüber, was Vergewaltigung ist, dazu, dass wir den Berichten von Frauen, wenn sie über andere Formen sexueller Gewalt erzählen, nicht glauben. Genauso wie es ein bestimmtes Bild davon gibt, welche Frauen vergewaltigt werden oder wie Frauen sich während und nach einer Vergewaltigung verhalten – was dazu führt, dass Frauen, die dieses Bild nicht erfüllen, auch nicht ernst genommen werden. Da es sich bei sexueller Gewalt um ein strukturelles Problem handelt, fokussiere ich hier vor allem auf Frauen, denen nicht geglaubt wird, wenn sie ihre Erfahrungen von sexueller Gewalt öffentlich machen.

Wie zu Beginn dieses Kapitels beschrieben, wird all jenen weniger geglaubt, deren Erfahrungen von dem abweichen, was wir typischerweise als Vergewaltigung verstehen (sprich: der brutalen Vergewaltigung durch einen Fremden) und jenen, die nicht in unser Bild des Opfers passen; so zum Beispiel Sexarbeiter*innen und Männern. Letzteren wird oftmals nicht geglaubt, wenn sie von Vergewaltigung oder Missbrauch berichten, weil dies nicht der allgemeinen Rollenerwartung entspricht, wonach Männer allein aufgrund ihrer körperlichen Stärke nicht vergewaltigt werden können.

In ihrem bekannten Buch *Epistemic Injustice* (‚Epistemische Ungerechtigkeit') beschreibt die Philosophin

Miranda Fricker, wie wir in unserer Fähigkeit, etwas zu wissen, verletzt werden können. Eine Möglichkeit, diese Ungerechtigkeit zu erfahren, ist, dass uns aufgrund von Vorurteilen gegenüber unserer sozialen Identität nicht geglaubt wird. Wenn zum Beispiel Frauen weniger geglaubt wird als Männern, und zwar allein aufgrund der Tatsache, dass sie Frauen sind. Bei dieser Ungerechtigkeit sprechen wir von *testimonialer* Ungerechtigkeit. Eine andere Möglichkeit ist die sogenannte *hermeneutische* Ungerechtigkeit – wenn es uns unmöglich ist, eine signifikante soziale Erfahrung zu verstehen oder zu kommunizieren aufgrund der Tatsache, dass wir hermeneutisch marginalisiert sind. Fricker illustriert dieses Phänomen mit Hilfe der Erzählungen von Carmita Wood. Carmita Wood ist eine schwarze Frau, die von sexueller Belästigung am Arbeitsplatz betroffen war, lange bevor es den Begriff ‚sexuelle Belästigung‘ gab. Unfähig zu erklären, was ihr passiert, scheiterte Wood daran, sich an einen anderen Arbeitsplatz versetzen zu lassen und schlussendlich Arbeitslosenhilfe zu beziehen, nachdem sie keinen anderen Ausweg mehr wusste, als zu kündigen. Wood stand vor dem Dilemma, entweder Worte zu benutzen, die schon existierten, aber nicht der moralischen Verletzung entsprachen, die ihr angetan wurde, oder eine Beschreibung zu wählen, die unverständlich blieb. Erst nachdem Wood ihre eigene Erfahrung mit der Erfahrung anderer Frauen verglich, stellte sie auffällige Parallelen fest und prägte mit Hilfe anderer Frauen und einiger Anwältinnen schließlich den Begriff ‚sexuelle Belästigung‘.

In Anbetracht der Ernsthaftigkeit der Situation und der Häufigkeit der moralischen Verletzung hätte es diesen Begriff schon längst geben sollen. Das dem nicht so war, so Fricker, liegt daran, dass die Betroffenen hermeneutisch marginalisiert waren; das heißt, ihre Erfahrungen und die Artikulation dieser Erfahrungen war nicht Teil der für alle zugänglichen begrifflichen Ressource. Obwohl es also die Erfahrungen und das Wissen über diese Erfahrungen gibt, existieren zumindest in der Umgangssprache keine Begriffe, die diesen Erfahrungen adäquat Ausdruck verleihen. Und dies ist vor allem dann der Fall, wenn die Erfahrungen von marginalisierten Personen gemacht werden, also zum Beispiel von Frauen, von behinderten Personen, schwarzen Personen, trans* Personen – Personen, die wenig Macht haben und deren Stimmen weniger häufig gehört werden.

Im Fall von sexueller Gewalt haben wir es auch mit hermeneutischer Ungerechtigkeit zu tun. Es gibt zwar zahlreiche Begriffe, um Erfahrungen von sexueller Gewalt und der damit einhergehenden moralischen Verletzung Ausdruck zu verleihen, aber wir haben nicht immer Zugang zu diesen Begriffen. Vergewaltigungsmythen und andere Mythen in Bezug auf sexuelle Gewalt verschleiern dabei manche Erfahrungen oder verzerren das Bild des Opfers oder Täters. Vergewaltigungsmythen sind falsche Annahmen und Überzeugungen darüber, was Vergewaltigung ist. Sie können zum Beispiel folgendermaßen aussehen:

a) Vergewaltigung beinhaltet immer körperliche Gewalt und Vergewaltigungsopfer wehren sich immer körperlich.

b) Zustimmung kann während der sexuellen Handlung nicht wieder entzogen werden und Zustimmung in der Vergangenheit impliziert auch Zustimmung für zukünftige Handlungen: einmal Zustimmung bedeutet immer Zustimmung.

c) Vergewaltigungen werden nur von Fremden begangen und können nicht in Ehen, Beziehungen oder Freundschaften passieren.

d) Es ist gerechtfertigt anzunehmen, dass eine Person Sex zustimmt, wenn sie sich auf eine bestimmte Art und Weise kleidet oder sich sexuell provokativ verhält; ebenso haben es Vergewaltigungsopfer, die sich so kleiden oder sich so verhalten, verdient, vergewaltigt zu werden, und sind somit selbst schuld.

Das alles (und noch viel mehr) sind Vergewaltigungsmythen. Sie werden angeführt mit der Absicht, eine Vergewaltigung zu rechtfertigen oder zu legitimieren, indem sie die Schuld dem Opfer geben oder die Erfahrung schlicht nicht als Vergewaltigung beschreiben, sondern beispielsweise als schlechten Sex. Außerdem verzerren sie unser Bild davon, wie Vergewaltigungsopfer aussehen und sich benehmen – und wer vergewaltigt. Vergewaltigungsmythen sind falsch und geben ein falsches Bild davon, was eine Vergewaltigung ist. Zum Beispiel werden in Wirklichkeit weniger als 30 % der Vergewaltigungen von Fremden begangen; häufig passieren Vergewaltigungen in der Beziehung, der Ehe oder unter Freunden und Bekannten (Britzelmeier 2016). Nur sehr wenige Vergewaltigungen sind körperlich brutal, nur sehr wenige Vergewaltigungsopfer wehren sich körperlich. Vergewaltigungsmythen skizzieren das Bild einer typischen Vergewaltigung: die brutale körperliche Vergewaltigung einer jungen (unschuldigen und weißen) Frau durch einen (psychisch instabilen und/oder „fremdländisch aussehenden") Fremden. Erfahrungen, die nicht mit diesem Bild übereinstimmen, werden häufig nicht als Vergewaltigung bezeichnet bzw. akzeptiert.

Die hier stattfindende Ungerechtigkeit ist eine doppelte Ungerechtigkeit: Vergewaltigungsopfer, die selbst dieses Bild verinnerlicht haben, sind nicht in der Lage, ihre eigenen Erfahrungen, wenn sie nicht dem paradigmatischen Bild entsprechen, als Vergewaltigung zu erkennen – und wenn sie es doch tun und auch so bezeichnen, wird ihnen häufig nicht geglaubt, weil die Erfahrung nicht mit unserem typischen Bild von Vergewaltigung übereinstimmt. Das erste ist ein Fall von hermeneutischer Ungerechtigkeit, das zweite ein Fall von testimonialer Ungerechtigkeit. Natürlich bedingt die eine Ungerechtigkeit die andere; je weniger Personen geglaubt wird, die von ihren (oftmals marginalisierten) Erfahrungen berichten, desto mehr verfestigt sich das Bild der typischen Vergewaltigung und desto weniger oft werden andere Erfahrungen öffentlich ausgesprochen.

#MeToo hat also vor allem auch das Potenzial, Vergewaltigungsmythen zu entlarven, indem gezeigt wird, dass das typische Bild von Vergewaltigung nicht die Bandbreite von Erfahrungen widerspiegelt, die im Kontext von sexueller Gewalt gemacht werden. Und damit leistet die Bewegung einen epistemischen Beitrag – sie erweitert unser Wissen über Formen sexueller Gewalt.

2.3   #MeToo als Antwort auf ein politisches Problem

Die Kritik, dass einige Zeugenaussagen keine „richtigen" Beispiele für sexuelle Gewalt sind, steht in einem Spannungsverhältnis zu der Ansicht, dass es eine geschlechtsspezifische Verzerrung dessen gibt, was wir gemeinhin unter sexueller Gewalt verstehen. Wir sehen hier die eigentliche Motivation der #MeToo-Bewegung, Opfer zu ermächtigen, indem sie ihren individuellen, aber dennoch geschlechtsspezifischen Erfahrungen eine Stimme gibt. Einer Aussage über sexuelle Gewalt nicht zu glauben, ist aber nicht nur problematisch, weil es uns weiterhin dem fehlerhaften Bild dessen, was Vergewaltigung ist, überlässt, sondern auch weil es „eine demütigende ‚zweite Verletzung' der Gleichgültigkeit darstellt, die Reparationen verhindert, potentielle Übeltäter ermutigt und die Opfer durch ein Gefühl der ‚normativen Verlassenheit' und von der Gemeinschaft entfremdet" (Congdon 2016, 816, Übers. H.C.H.). Das Berichten der eigenen Erfahrung von moralischer Verletzung richtet sich nicht nur gegen Ungerechtigkeit, sondern ist vielmehr, wie Philosoph*innen und Sozialtheoretiker*innen betont haben, ein Weg, das eigene Gefühl von Identität und Würde wiederherzustellen. Eine solche Wiederherstellung kann jedoch nur dann erfolgreich sein, wenn die Gemeinschaft, in der ich mich bewege, diese Erfahrung als moralische Verletzung begreift und anerkennt. Kurz gesagt: Wir können nicht in Solidarität mit denen stehen, die unsere Solidarität verdienen, wenn wir ihre Erfahrungen nicht verstehen oder falsch interpretieren.

#MeToo streitet für einen moralischen und begriffstheoretischen Wandel; einen Wandel zur Anerkennung von Formen sexueller Gewalt, die nicht mit dem verzerrten typischen Bild übereinstimmen, und gleichzeitig einen Wandel zur Anerkennung von Betroffenen von sexueller Gewalt als moralisch verletzte Subjekte. Die Bewegung zeigt damit, warum es wichtig ist, über Sex und Moral zu sprechen. Es ist wichtig, weil wir sonst verkennen, dass Sex vor dem Hintergrund sozialer Ungerechtigkeit geschieht – und dass eben diese Ungerechtigkeit schon unmoralisch ist; sie führt dazu, dass wir ein verzerrtes Bild von sexueller Gewalt haben, dass wir marginalisierter sexueller Gewalt nicht mit derselben moralischen Ablehnung begegnen und dass wir marginalisierten Subjekten weniger zuhören. Sex und Moral gehören zusammen, wenn wir etwas verändern und *alle* endlich besseren Sex haben wollen.

Take Home Message

Wir sollten über Sex und Moral nachdenken, weil Sex vor dem Hintergrund sozialer Ungerechtigkeit geschieht und dies moralische, epistemische und politische Probleme mit sich bringt; nicht über Sex und Moral zu sprechen, führt dazu, dass wir ein verzerrtes Bild von sexueller Gewalt, von moralisch gutem Sex und von gelungenem Sex haben.

3

Sex im Kontext von Geschlechterungleichheit

*„Es ist immer einfacher, Unglück als Ungerechtigkeit
im Leid anderer zu sehen."*

Judith Shklar, The Faces of Injustice

Sex passiert nicht im luftleeren Raum, sondern in einem bestimmten gesellschaftlichen Kontext. In den meisten Gesellschaften heißt das, dass Sex vor dem Hintergrund von allen möglichen Ungleichheiten und strukturellen Ungerechtigkeiten passiert. Aber was bedeutet es, wenn wir von struktureller Ungerechtigkeit reden? Welche Ungleichheiten sollten hier als relevant gelten? Und warum sind diese Fragen überhaupt wichtig, wenn wir über Sex reden? Ich will versuchen, eine Antwort zu geben.

Judith Shklar bemerkt im ersten Kapitel ihres Buches *The Faces of Injustice* nüchtern, dass es zwar wenig Texte in der Moralphilosophie gibt, die *Gerechtigkeit* nicht

zumindest am Rande erwähnen und vielmehr sogar zahlreiche Bücher, die kein anderes Thema kennen, dass das
Thema der *Ungerechtigkeit* aber merkwürdigerweise fast
vollkommen abwesend ist. Dabei ist alles andere als klar,
wie Ungerechtigkeiten genau zu beschreiben sind und ob
sie wirklich nichts weiter bedeuten als das Gegenteil von
Gerechtigkeit. Häufig wird zum Beispiel angenommen,
dass ein schreckliches Ereignis einfach ein Unglück ist,
wenn es durch externe Kräfte zustande kommt, aber eine
Ungerechtigkeit, wenn es durch die schlechte (beabsichtigte)
Handlung eines Akteurs oder einer Akteurin eintritt.
Mord ist klarerweise eine Ungerechtigkeit, ein Tornado
hiernach ein Unglück. Aber spätestens seit den Debatten
um den Klimawandel ist diese Unterscheidung gar nicht
mehr so eindeutig, wie sie es vielleicht einmal war. Ist ein
Tornado wirklich immer ein Unglück oder vielleicht doch
eine Ungerechtigkeit? Schließlich führt ein Konglomerat
an individuellen Entscheidungen und sozialen Praktiken
zum Klimawandel und dieser wiederum zum erhöhten
Risiko von Extremwetter. Zudem sind die Länder des
globalen Südens und ärmere Bevölkerungen besonders von
der Gefahr von Erdbeben betroffen, ohne zugleich Haupt-
verursacher der wachsenden Gefahr von Erdbeben zu sein.
Ähnlich verhält es sich mit Ereignissen und individuellen
Handlungen, die vor dem Hintergrund einer sexistischen
oder rassistischen Gesellschaft geschehen – womit wir auch
schon beim Thema der strukturellen Ungerechtigkeit wären.

3.1 Strukturelle Ungerechtigkeit und strukturelle Erklärungen

Wenn wir über Strukturen sprechen, so reden wir über
das Zusammenfließen von institutionellen Regeln und
routinierten Praktiken sowie die Mobilisierung von

Gütern und materiellen Gegebenheiten. Dieses Netzwerk an Regeln, Gütern und materiellen Gegebenheiten
ergibt den historisch gewachsenen Hintergrund, vor
dem individuelle Akteur*innen agieren. Und obwohl
Strukturen selbstverständlich verändert werden können,
sind sie dennoch relativ stabil oder – in den Worten von
Sally Haslanger – „sticky" (2015, S. 21); sie scheuen Veränderung. Ein Grund dafür ist, dass Strukturen und
vor allem ungerechte Strukturen viel schlechter erkenn-
bar sind als individuelle Handlungen. Das heißt, es fällt
uns leichter zu entscheiden, wann sich ein Individuum
uns gegenüber falsch verhält, als aufzuzeigen, inwiefern
die darunterliegenden Strukturen eine Ungerechtigkeit
produzieren. Das wiederum liegt daran, dass Strukturen
häufig auch das Resultat eines Konglomerats unterschiedlicher individueller Handlungen sind und niemand dieses
Resultat direkt beabsichtigt hat. Aber das Netzwerk an
Regeln, Gütern und materiellen Gegebenheiten sowie
das Konglomerat unterschiedlicher Handlungen hat im
Falle von struktureller Ungerechtigkeit zur Folge, dass die
Handlungsmöglichkeiten und Entscheidungsoptionen
von einigen stärker eingeschränkt werden als von anderen;
oder, im schlimmsten Fall, dass die Einschränkung dieser
Optionen von einigen die Möglichkeiten von anderen
erweitert.

Wenden wir uns zum Beispiel der Frage zu, warum
Frauen im Verhältnis zu Männern immer noch ökonomisch im Nachteil sind. Eine mögliche Antwort wäre
zu sagen, dass dies biologische Gründe hat. Nach dieser
biologischen Erklärung könnte man (fälschlicherweise)
annehmen, dass Frauen weniger Fähigkeiten vorzu-
weisen haben, die es braucht, um ökonomisch erfolgreich
zu sein; weniger Intelligenz oder Selbstvertrauen oder
weniger Konkurrenzdenken. Feministische Studien haben
seit Jahrzehnten gezeigt, dass diese Eigenschaften nicht

biologisch begründet sind, sondern sozial. Das heißt, wenn Frauen tatsächlich weniger Selbstbewusstsein oder weniger Konkurrenzdenken haben, dann weil sie anders als Männer sozialisiert werden. Und wenn Frauen wirklich weniger Intelligenz haben sollten, dann weil ihnen der Zugang zu Bildung erschwert oder sogar versperrt wird. Eine andere Antwort wäre, dass diese Frage nach einer individualistischen Erklärung verlangt – einer Erklärung also, die auf das bestimmte Individuum fokussiert ist. Hiernach könnte man argumentieren, dass Frauen es zum Beispiel bevorzugen, mehr Zeit mit Kindern zu verbringen statt Karriere zu machen; sie also den ökonomischen Nachteil selbst wählen. Eine dritte Antwort wäre zu sagen, dass diese Frage nach einer strukturellen Erklärung verlangt; einer Erklärung also, die auf die sozialen Strukturen und nicht auf die handelnden Akteure innerhalb dieser Strukturen fokussiert. Wie würde eine solche Erklärung aussehen?

Susan Moller Okin führt dazu ein Beispiel an, dass hier zur Illustration dient, warum der gesellschaftliche Kontext wichtig ist, wenn wir über Sex und vor allem über moralisch problematischen Sex nachdenken: Stell dir ein Paar vor, Larry und Lisa. Larry und Lisa sind gleichermaßen intelligent, talentiert, ausgebildet und erfahren in ihren Jobs; sie haben die gleiche Macht in ihrer Beziehung, haben keine Vorurteile in Bezug auf traditionelle Geschlechterrollen und teilen sich alle häuslichen Aufgaben. Larry und Lisa entscheiden sich, Kinder zu bekommen. Aber Larry und Lisa leben in einer Gemeinschaft, in der gute Kinderbetreuung für sie nicht bezahlbar ist. Außerdem leben sie in einer Gemeinschaft, in der es ein Lohngefälle gibt; Frauen verdienen im Durchschnitt nur 75 % des Einkommens, das Männer für dieselben Tätigkeiten verdienen. Unter diesen Bedingungen ist es gerechtfertigt, wenn Larry und Lisa entscheiden, dass Larry weiter Vollzeit arbeitet und Lisa zurücktritt, um sich um die Kinder zu kümmern (Okin 1989). Lisa arbeitet also von nun an nur noch halbtags oder nimmt Elternzeit oder sucht sich einen weniger anspruchsvollen Job.

Aber in Larrys und Lisas Gesellschaft bedeutet Vermögen und Einkommen auch Macht, Hausarbeit ist unbezahlt und das Scheidungsrecht verteilt Vermögen ungleich; wer mehr verdient hat, bekommt mehr, auch wenn die Karriere nur deswegen möglich war, weil die eigene Partnerin ihrer Karriere nicht nachgegangen ist. Larry häuft also ein größeres Vermögen an als Lisa und bekommt mehr Macht in der Beziehung. Was ist hier schiefgelaufen? Wie konnte eine gerechtfertigte Entscheidung, wie die von Larry und Lisa, dazu führen, dass Lisa an Macht verliert und Larry an Macht gewinnt?

Nach Ann Cudd sind Larry und Lisa exemplarisch für viele junge Paare in westlichen Gesellschaften (Cudd 2006, S. 148–151); wobei natürlich das Problem der unbezahlbaren Kinderbetreuung beispielsweise in den USA größer ist als in Deutschland. Frauen sind also auch diejenigen, bei denen sich ein Arbeitgeber zu Recht fragen muss, ob sie im Job bleiben und Karriere machen oder für Schwangerschaft und Kinderbetreuung irgendwann eine Auszeit nehmen. Als Konsequenz sind typische ‚Frauenjobs' dann häufig die, die weniger Engagement, weniger Mobilität und weniger Erfahrung voraussetzen – aber auch weniger gut bezahlt sind. Und Frauen müssen sich typischerweise erst überdurchschnittlich beweisen, bevor sie in Frage kommen für eine Karriere. Das Muster wird immer weiter reproduziert. Lisa wäre auch in einem anderen Zusammenhang erneut gerechtfertigt, aus Geldgründen zu entscheiden, weniger zu arbeiten und sich um die Kinder zu kümmern. Arbeitgeber sind somit bestätigt in ihrer Annahme, dass Frauen keine Karriere wollen.

Es soll hier also nicht gezeigt werden, dass die individualistische Erklärung niemals Bestand haben kann, sondern vielmehr, dass sie wichtige strukturelle Gegebenheiten vernachlässigt, die die Entscheidung von Frauen beeinflussen können. Auch wenn Frauen sich dafür entscheiden, sich um die Kinder zu kümmern, statt Karriere zu machen, so tun sie dies vor dem Hintergrund struktureller Gegebenheiten. Larrys und Lisas Entscheidung rein individualistisch zu betrachten, verkennt erstens den strukturellen Hintergrund, vor dem diese Entscheidung erst gerechtfertigt ist (aufgrund des Lohngefälles verdient Lisa weniger als Larry) und zweitens die problematischen Konsequenzen, zu denen die Entscheidung führt. Strukturelle Erklärungen beleuchten den größeren Zusammenhang, vor dem individuelle Akteurinnen und Akteure ihre Entscheidungen treffen. Im Vergleich zu individualistischen Erklärungen können strukturelle Erklärungen also strukturelle Ungerechtigkeiten aufzeigen, die ansonsten weiter verborgen blieben.

Soziale Strukturen sind eine Quelle von Ungerechtigkeiten, die allerdings meist schwer zu erkennen sind. Strukturelle Ungerechtigkeiten sind dann vorhanden, wenn soziale Prozesse bestimmte Gruppen in die reale Gefahr einer Unterdrückung bringen oder dafür sorgen, dass diese Gruppen weniger Möglichkeiten haben, ihre Fähigkeiten auszubauen und zu nutzen – und sogar gleichzeitig dazu führen, dass andere Gruppen mehr Möglichkeiten haben, was auch die Möglichkeit zur Unterdrückung einschließt. Ganz einfach gesprochen, haben wir es also mit einer strukturellen Ungerechtigkeit zu tun, wenn Lisas Entscheidungsmöglichkeiten eingeschränkter sind als Larrys. Und das wiederum bedeutet, dass Larrys Entscheidungsmöglichkeiten so viel besser sind, eben *weil* Lisas eingeschränkt sind.

3.2 Strukturelle Ungerechtigkeit und Sex

Was hat strukturelle Ungerechtigkeit mit Sex zu tun? Vielleicht haben Larry und Lisa ja trotz der ungleichen und ungerechten Entscheidungsmöglichkeiten guten Sex? Ob das der Fall ist oder nicht, bleibt reine Spekulation – wobei wir später sehen werden, dass es eine Spekulation auf Grundlage von gerechtfertigten Gründen ist. Ob die beiden aber auch moralisch guten Sex haben, verlangt eine andere Antwort. Die wichtige Erkenntnis daraus, dass Sex vor dem Hintergrund gesellschaftlicher Ungleichheit und Ungerechtigkeit passiert, ist, dass dieser Hintergrund auch Auswirkungen auf unser Sexleben hat: Er führt zu ungleichen Machtpositionen – und diese Machtpositionen nehmen wir mit ins Bett. In der beschriebenen Konstellation hat Larry mehr Möglichkeiten und Lisa weniger; Larry kann also – ob er das nun tut oder nicht – mehr verlangen und besser ausdrücken, was und wie er was will, sowie auch leichter ablehnen, wenn er etwas nicht will. Lisa hat viele dieser Möglichkeiten nur in einem sehr eingeschränkten Rahmen. Man könnte hier einwenden, dass dies nur dann der Fall ist, wenn sich die gesellschaftliche Machtposition direkt auf das persönliche Verhältnis von Larry und Lisa auswirkt. Wenn Larry also zum Beispiel die Tatsache, dass Lisa von ihm finanziell abhängig ist, dazu nutzt, um Sex von Lisa zu fordern, die diesen nicht will. Das aber ist ganz sicher nicht in allen Beziehungen der Fall. Dieser Einwand verkennt allerdings, inwieweit strukturelle Bedingungen eben auch unsere privaten Beziehungen *strukturieren* – ganz unabhängig davon, ob die ungleiche Macht in der Beziehung selbst tatsächlich zum Tragen kommt. Larry muss seine finanzielle Macht gegenüber Lisa nicht nutzen. Die Tatsache, dass er diese hat und potenziell Nutzen könnte, reicht aus, um Lisa in eine strukturell schlechtere Position zu bringen, in der sie weniger Handlungsmöglichkeiten hat als sie hätte, wenn es diese Machtungleichheit nicht gäbe.

Hinzu kommt, dass Geschlechterungleichheit, wie wir zuvor gesehen haben, auf den sehr spezifischen Rollen des Gebens und Nehmens aufbaut, die die Machtpositionen weiter verstärken können. Larry hat also nicht nur mehr Macht, sondern er ist auch in eine Geschlechterrolle hineingewachsen, in der zu fordern und zu nehmen selbstverständlich ist. Lisa ist dagegen an eine Geschlechterrolle gebunden, nach der sie vor allem geben muss – unabhängig davon, was ihre eigenen Bedürfnisse sind, nur darauf bedacht, Larrys Bedürfnisse zu befriedigen. Natürlich können Larry und Lisa diese Geschlechterrollen kritisch hinterfragen, vielleicht fordert Larry auch gar nicht und nimmt auch nicht, wenn Lisa nicht zu geben bereit ist – aber unsere Sozialisation komplett hinter uns zu lassen, bedeutet nicht nur die Erkenntnis dessen und den Willen dazu, sondern viel Arbeit, Energie und Zeit.

Inwiefern Macht und Geschlechterrollen zusammenspielen wird klar, wenn wir uns anschauen, was eigentlich problematisch daran ist, wenn Männer Frauen zum Sex drängen. Und warum es problematischer ist, wenn Männer Frauen zum Sex drängen als wenn Frauen Männer zum Sex drängen. Jemanden zum Sex zu drängen bedeutet nicht, jemanden zum Sex zu zwingen – Letzteres würden viele entschieden ablehnen. Aber auch bei Ersterem stellt sich zumindest die Frage, ob dies nicht ebenso problematisch sein kann. Die Antwort darauf gibt Einsicht in die Ungleichheit zwischen den Geschlechtern, die den Kontext für dieses Kapitel liefert. Wir werden sehen, dass es tatsächlich problematisch ist, wenn Männer Frauen zum Sex drängen, nicht aber oder zumindest weniger problematisch, wenn Frauen Männer zum Sex drängen. Jemanden zum Sex zu drängen bedeutet verführen, betteln, schmeicheln, jammern, Schuldgefühle wecken. Werkzeuge, die Männern und Frauen gleichermaßen zur Verfügung stehen und sicher auch sowohl von Männern als auch von Frauen genutzt werden, aber bei Männern größere Wirkkraft entfalten können.

Viele kennen die Statistiken zu sexueller Gewalt; jede siebte Frau ab dem 16. Lebensjahr hat mindestens eine Vergewaltigung in ihrem Leben erfahren müssen, mehr als jede 2. Frau im Alter zwischen 16 und 85 Jahren hat in ihrem Leben sexuelle Belästigung erfahren, 98 % der Täter sind männlich und 70 bis 80 % der Täter stammen aus dem sozialen Nahbereich der Betroffenen – es ist der Vater, Onkel, Nachbar, Lehrer, Freund, Date, Partner oder Ehemann (Antisexismus_reloaded 2007). Viele Frauen haben selbst sexuelle Gewalt erfahren, waren in Situationen mit Männern, in denen sie sich unwohl gefühlt haben, oder haben eine Freundin, die sexuelle Gewalt erfahren hat. Anders ausgedrückt: Sexuelle Gewalt von Männern zu erfahren ist potenziell Realität für Frauen. Es ist eine Bedrohung, die Frauen tagtäglich begleitet und vor der es keinen sicheren Schutz gibt – auch zuhause sind viele Frauen nicht sicher vor sexueller Gewalt. Diese Möglichkeit verändert die sozialen Regeln für Interaktionen zwischen Männern und Frauen.

Jemanden zu etwas zu drängen, passiert immer in einem bestimmten Kontext, in dem wir entweder die Möglichkeiten und Mittel zur Verfügung haben, dem Drängen zu entgehen, oder eben auch nicht. Wenn ich zum Beispiel mein Kind dränge, etwas Bestimmtes zu tun oder zu lassen, dann funktioniert das vor allem deswegen, weil es im Kontext der Eltern-Kind-Beziehung für das Kind wenig andere Möglichkeiten gibt, als sich auf mich zu verlassen – zumindest so lange bis mein Kind eigenständig wird und sich nicht weiter darum kümmert, was ich will oder was nicht. Mein Drängen ist also gerechtfertigt, um das Verhalten und die Werte meines Kindes zu beeinflussen, da es diese noch nicht vollständig ausgeformt und noch nicht gelernt hat, kompetent und unabhängig Entscheidungen zu treffen. Mein Drängen, im Winter eine Jacke anzuziehen oder bei Regen die Gummistiefel, gehört in unserer Eltern-Kind-Beziehung dazu und wird auch von den meisten akzeptiert. In anderen Kontexten ist dies nicht der Fall – und mein Drängen wäre sowohl unerwartet als auch unangebracht. Wenn ich die mir fremde Frau an der Bushaltestelle ohne triftigen Grund dazu dränge, ihre Entscheidung zu ändern und einen anderen Bus zu nehmen, dann ist das weder okay noch angebracht. Aber in einem solchen Fall gibt es immer noch die Möglichkeit „zu gehen"; die Frau könnte mein Drängen einfach ignorieren, und es gäbe nicht viel, was ich dagegen tun könnte. Wenn wir also entscheiden wollen, ob das Drängen einer Person akzeptabel oder problematisch ist, dann kommen wir nicht umhin, den Kontext zu betrachten.

In sexuellen Kontexten haben wir, im Gegensatz zu der Frau an der Bushaltestelle, häufig nicht die Möglichkeit, einfach zu gehen und sind daher verletzlicher in Bezug auf das Drängen der anderen Person. Wenn Männer Frauen zu Sex drängen, dann tun sie dies vor dem Hintergrund, dass Frauen und Männern unterschiedlich wirksame Mittel und Möglichkeiten zur Verfügung stehen, dem Drängen zu entgehen. Erstens sind Männer im Durchschnitt körperlich stärker als Frauen und/oder haben eine geringere Hemmschwelle, Gewalt anzuwenden – nicht weil Männer von Natur aus gewalttätig sind, sondern weil viele Männer als Jungen ermutigt wurden, im Spiel zu kämpfen oder beim Sport an die eigenen Grenzen zu gehen trotz der Gefahr, sich dabei zu verletzen; Frauen dagegen sind häufig als Mädchen dazu sozialisiert wurden, nett zu sein, sich nicht zu verletzen und kein Risiko einzugehen. Tatsächlich zeigen Studien, dass viele Frauen weder in der Lage sind, laut zu schreien noch sich effektiv zu wehren – einfach weil sie es nicht gelernt haben. Es gibt also nicht viele Kontexte, in denen Männer Frauen körperlich unterlegen sind, umgekehrt aber viele Situationen, in denen Frauen Männern körperlich unterlegen sind. Als Frau dem Drängen auf Sex nicht entgehen zu können, passiert also vor dem Hintergrund, dass sie sich – sollte es so weit kommen – schlechter körperlich wehren kann. Natürlich bedeutet dies nicht, dass es nicht auch Ausnahmen geben kann, in denen Frauen trotz der ungleichen Kräfteverteilung eine dominante Rolle einnehmen oder aufgrund anderer Ungleichheiten, wie finanzieller oder emotionaler Abhängigkeit, tatsächlich mehr Macht in der Beziehung besitzen. Des Weiteren gibt es natürlich auch in homosexuellen Beziehungen Kräfteungleichheiten oder Abhängigkeiten, die zu ungleichen Handlungsfähigkeiten führen können. An dieser Stelle bin ich tatsächlich vor allem an den strukturellen Ungleichheiten zwischen Männern und Frauen interessiert. In konkreten Fällen müssen wir je nach Kontext und Beziehung von diesen abstrahieren.

Zweitens ist es für Frauen eine gerechtfertigte Annahme, dass Männer Gewalt benutzen könnten, wenn sie anders nicht bekommen, was sie wollen. Dies liegt nicht daran, dass wirklich alle Männer Gewalt anwenden, um ihr Ziel zu erreichen – tatsächlich tut dies nur eine kleine Anzahl an Männern –, sondern daran, dass die Statistiken und Erfahrungen von Frauen es als Potenzialität ausmachen. Es ist durchaus gerechtfertigt anzunehmen, dass ein Mann, der ohnehin schon Druck ausübt, auch Gewalt anzuwenden bereit ist, wenn der Druck nicht ausreicht. Und drittens wissen Frauen, dass viele Männer zu

der Annahme sozialisiert werden, dass ihnen Frauenkörper
(auch ohne deren Einverständnis) zustehen, und müssen
gleichzeitig gegen ihre eigene Sozialisation angehen, die
ihnen sagt, dass sie dem Mann etwas schulden. Auch
wenn Männer, die Frauen zum Sex drängen, nicht zwangsläufig im Wissen um den ungleichen Hintergrund agieren,
so verschafft ihnen dieser Hintergrund dennoch einen
Vorteil – ihr Handeln ist daher problematischer, als wenn
Frauen Männer zu Sex drängen. Kurz gesagt: Vor dem
Hintergrund der bestehenden gesellschaftlichen Ungleichheiten sind die Möglichkeiten und Mittel des Mannes,
unangenehmen sexuellen Situationen zu entgehen, oftmals
ungleich größer als die der Frau. Gleiches gilt für die
Möglichkeiten und Mittel des Mannes, Frauen zum Sex zu
bringen.

Take Home Message

Sex passiert vor dem gesellschaftlichen Hintergrund
von struktureller Ungerechtigkeit. Das bedeutet, dass
abhängig von ihrer (angenommenen) Zugehörigkeit zu
einer bestimmten sozialen Gruppe – wie der Gruppe der
Frauen, trans* Frauen, behinderten Personen, Personen
mit Migrationshintergrund, schwarze Personen oder anders
marginalisierten Personen – diese Personen oftmals weniger
Macht und somit weniger Möglichkeiten haben, ihre
sexuellen Präferenzen und Interessen zu artikulieren und
auszuleben oder sexuelle Angebote anderer abzulehnen.

3.3   Sexuelle Objektifizierung

Wir haben gesehen: Larry hat Macht und Möglichkeiten, die Lisa nicht hat. Und das hat Auswirkungen auf
ihr Sexleben. Diese Tatsache kann unterschiedlich stark
interpretiert werden. In einer sehr starken Lesart können

wir hier von einem direkten Zusammenhang zwischen ungleichen und ungerechten sozialen Strukturen und Sex ausgehen. Sex und Sexualität sind danach kein getrennter Bereich der Interaktion, in dem schon bestehende soziale Ungleichheiten zum Tragen kommen können, aber nicht müssen. Vielmehr gibt es zwischen Sex und Geschlecht eine konstitutive Relation; das eine geht nicht ohne das andere. Sex ist eine allgegenwärtige Dimension unseres Lebens und innerhalb dieser Dimension wird Geschlecht überhaupt erst konstituiert. Männlichkeit ist hiernach die Erotisierung von Dominanz und Herrschaft, d. h. ist die sexuelle Dominanz oder Herrschaft. Und Weiblichkeit ist sexuelle Unterwerfung. Anders ausgedrückt: Ein Objekt zum sexuellen Gebrauch zu sein, ist die Definition davon, Frau zu sein. Sex und Sexualität sind also nicht einfach nur durch Geschlechterungleichheit gefärbt, sondern Sexualität selbst ist die Dynamik der Geschlechterungleichheit. Diese starke und komplexe Lesart bedarf allerdings einiger Erklärungen.

Nach dieser Lesart sind Geschlechterkategorien relational definiert; man ist also Frau oder Mann aufgrund der sozialen Position, die man innehat. Geschlecht ist somit eine extrinsische Eigenschaft – wenn sich die sozialen Positionen verändern, verändert sich auch unser Geschlecht. Eine Argumentation für diese starke Lesart findet sich bei Catharine MacKinnon. Sie zeigt erstens, dass die Beziehungen, in denen wir zueinanderstehen und die Geschlecht konstituieren, per Definition hierarchische Beziehungen sind; dass Frauen von Männern unterdrückt werden, ist keine zufällige Tatsache, vielmehr konstituieren die hierarchischen Beziehungen erst die Kategorien ‚Mann‘ und ‚Frau‘. Zweitens, dass die hierarchischen Geschlechterbeziehungen von und im Interesse von Männern definiert werden. Und drittens, dass das Geschlecht sexualisiert ist.

Ganz direkt: Man ist Mann, wenn man in einer sozialen Position der erotischen Herrschaft über anderen steht und man ist Frau, wenn man in einer sozialen Position der erotischen Unterwerfung zu anderen steht. Und dass dies so ist und so bleibt, ist im Interesse der Männer. Nach MacKinnon ist Geschlecht also notwendigerweise konstituiert durch sexuelle Objektifizierung – Frauen sind, was Männer sehen wollen.

Die erste Annahme, dass Frauen von Männern unterdrückt werden und dass dies erst die Kategorien von Mann und Frau konstituiert, haben wir teilweise schon oben gesehen. In Abschn. 1.3 habe ich gezeigt, dass es tatsächlich so ist, dass Frauen und Männer in einem ungleichen Verhältnis der strukturellen Unterdrückung stehen. Die Idee, die hier noch dazu kommt, ist spätestens seit Simone de Beauvoir und Judith Butler fester Bestandteil feministischer Theorie: Nicht alle biologisch weiblichen Wesen sind von allen männlichen Wesen unterdrückt, sondern Frauen von Männern. Wer sich in der Rolle der Frau befindet, ist damit notwendigerweise unterdrückt. Das bedeutet aber auch, dass biologisch männliche Personen, die die soziale Rolle der Frau einnehmen oder von anderen diese Rolle zugeschrieben bekommen, unterdrückt sind. Deswegen kann hier überhaupt nur gesagt werden, dass es mit der Abschaffung der sozialen Rollen von Mann und Frau – nach MacKinnon gesprochen, mit der Abschaffung von Geschlechterunterdrückung – auch keine Frauen und Männer mehr gibt; natürlich aber trotzdem männliche und weibliche Personen. Bei MacKinnon kommt hier nun noch die Erotisierung der Geschlechterrollen hinzu; es handelt sich also nicht um strukturelle Unterdrückung wie oben beschrieben, sondern um erotische Unterwerfung bzw. Objektifizierung.

Aber wie genau funktioniert die sexuelle Objektifizierung, die Frauen erst Frauen werden lässt? Wenn Herrschaft und Unterwürfigkeit erotisiert sind, dann wird die unterworfene Person – sprich die Frau – sowohl als Objekt der Begierde der dominierenden Person – sprich des Mannes – gesehen als auch so behandelt. Außerdem wird die unterwürfige Person unter funktionellen Bedingungen wahrgenommen: Sie ist allein dafür da, die Begierde der dominierenden Person zu befriedigen. Geschlecht hat also mit Macht zu tun; die Macht, etwas in eine andere Person hineinzulesen und dieser Person etwas aufzudrängen. In der starken Lesart von sexueller Objektifizierung, in der Objektifizierung direkt an die Geschlechterrollen geknüpft ist, hat die Person, die die Macht hat, eine andere Person zu objektifizieren gleichfalls die Macht, diese Person dazu zu bringen, der Objektifizierung zu entsprechen also so zu werden, wie die machtvolle Person es gerne hätte. Zur Erinnerung: Bei der starken Lesart ist es per Definition so, dass Frauen unterwürfig sind und Männer Macht haben. Das bedeutet auch, dass biologisch weibliche Personen, die nicht unterwürfig sind, nicht die Geschlechterrolle der Frau innehaben, also keine Frauen sind. Und tatsächlich bewirkt der historische Wandel, dass es immer mehr weibliche Personen gibt, die aufhören Frauen zu sein. Allerdings, wie ich im ersten Kapitel gezeigt habe, sind wir noch weit davon entfernt, dass es keine Frauen und Männer mehr gibt. Die sozialen Rollen und die biologischen Marker laufen in den meisten Fällen zusammen; es ist empirisch zu belegen, dass eine bestimmte Gruppe von Individuen Macht hat und in die Kategorie ‚Mann‘ fällt, während eine andere Gruppe unterwürfig ist und in die Kategorie ‚Frau‘ fällt.

Andere Philosoph*innen gehen von einer weniger starken Lesart aus und bringen sexuelle Objektifizierung in

eine kausale Beziehung zu Ungleichheit und Ungerechtigkeit. Sexuelle Objektifizierung ist danach die Behandlung
oder Wahrnehmung einer Person als Objekt in einem
sexuellen Kontext. Martha Nussbaum argumentiert beispielsweise, dass wir eine andere Person dann als Objekt
wahrnehmen oder behandeln, wenn eine oder mehrerer
der folgenden Bedingungen erfüllt sind: eine andere Person
als Instrument oder Werkzeug für die eigenen Zwecke zu
behandeln; eine andere Person zu behandeln, als ob diese
keine Autonomie oder Selbstbestimmung hätte; eine
andere Person zu behandeln, als ob diese keine Handlungsfähigkeit hätte; eine andere Person als austauschbar mit
anderen Objekten zu behandeln; eine andere Person zu
behandeln, als hätte diese keine eigenen Grenzen; eine
andere Person zu behandeln als wäre sie ein Besitzgut; und
eine andere Person zu behandeln, als ob deren Bedürfnisse,
Erfahrungen oder Gefühle nichts wert wären. Nach Nussbaum ist (sexuelle) Objektifizierung nicht notwendigerweise problematisch, sondern kann in bestimmten
Kontexten auch neutral oder sogar positiv sein. Es hängt
also vom Kontext ab, ob Objektifizierung problematisch
ist oder nicht. Sie ist also dann problematisch, wenn sie in
einem Kontext stattfindet, in dem Gleichheit, Respekt und
Zustimmung fehlen. Wenn ich aber den Bauch meines
Liebhabers als Kopfkissen benutze und mein Liebhaber
dieser „Benutzung" zustimmt, dann tue ich dies in einem
Kontext, in dem ich ihn normalerweise als mehr denn nur
als Kopfkissen betrachte (Nussbaum 1995, S. 265). Dies
scheint zurückzuführen zu Kant – problematisch wird es,
wenn wir andere *ausschließlich* als Mittel zum Zweck verwenden.

Nach der schwachen Lesart von sexueller Objektifizierung ist es also abhängig vom Kontext, ob diese
problematisch ist oder nicht. Nicht jede sexuelle Objektifizierung ist demnach problematisch, sondern nur solche,

die in einem sozialen Kontext von Ungleichheit und Ungerechtigkeit eingebettet ist. Jetzt haben wir schon festgestellt, dass wir uns gesellschaftlich in einem solchen Kontext befinden. Aber bedeutet das auch, dass unsere persönlichen Beziehungen notwendigerweise ungleich gestaltet sind und sexuelle Objektifizierung demnach fast immer problematisch ist? Einerseits ja. Wie ich oben schon ausgeführt habe, ist es tatsächlich schwierig, strukturelle Ungleichheiten von den persönlichen Beziehungen fernzuhalten, denn schon die potenzielle Macht, die ein Partner über den anderen hat, reicht aus, um die Beziehung ins Ungleichgewicht zu bringen. Andererseits kann man am oben genannten Beispiel sehen, dass wir uns trotz der Hintergrundbedingung von struktureller Ungleichheit gegenseitig mit Respekt behandeln können. Wenn ich meinen Liebhaber als Kopfkissen benutze, dann objektifiziere ich ihn zwar, kann ihm aber trotzdem mit Respekt begegnen.

Wir sehen, die Sache ist kompliziert. In der feministischen Philosophie wird häufig eine Verbindung zwischen Pornographie und problematischer sexueller Objektifizierung gesehen, um zu zeigen, wann und wie gesellschaftliche Ungleichheit und Ungerechtigkeit dazu führen kann, dass wir diese auch in unseren persönlichen Beziehungen reproduzieren. Die Idee ist, dass viele Szenen, die sich in Mainstream-Pornographie finden lassen, Frauen auf eine problematische Weise objektifizieren, eben weil sie keinen Respekt mehr zulassen. Wenn z. B. eine Person auf ihren Körper oder spezifische Körperteile reduziert wird; wenn eine Person hauptsächlich danach behandeln wird, wie sie aussieht oder wie sie auf andere wirkt; und wenn eine Person so behandelt wird, als wäre sie stumm oder hätte keine Fähigkeit zu sprechen. Hier kann sowohl von einem kausalen als auch einem konstitutiven Zusammenhang zwischen Pornographie und problematischer sexueller

Objektifizierung von Frauen gesprochen werden. Kausal, weil die vermehrte Rezeption von Pornographie dazu führt, dass Männer Frauen sexuell objektifizieren, wie empirische Studien zu belegen scheinen (Paul 2006). Und konstitutiv, weil – wie auch MacKinnon argumentiert – schon der Konsum von Pornographie selbst Frauen objektifiziert und damit unterdrückt (Langton 2009).

Für uns ist an dieser Stelle erst einmal wichtig, dass es eine Beziehung gibt – wie stark diese auch immer sein mag – zwischen unserer sozialen Position und unserer Geschlechterrolle einerseits und unserem Sexleben andererseits. Und diese Beziehung hat eine Auswirkung darauf, was wir unter moralisch gutem Sex verstehen. Mit anderen Worten: Wenn wir untersuchen, was moralisch guter und was moralisch problematischer Sex ist, dann müssen wir uns den spezifischen Kontext der sexuellen Situation anschauen. Ein Kontext, in dem Personen unterschiedlich viel Macht und Möglichkeiten haben, ist immer auch ein Kontext, der uns zumindest stutzen lassen sollte; es ist ein Kontext, der auf moralisch problematischen Sex hinweisen könnte. Das bedeutet aber noch nicht, dass wir keinen moralisch guten Sex haben können, wenn wir einander nicht vollkommen gleich sind in Bezug auf Macht und Möglichkeiten. Das ist eine gute Nachricht – schließlich sind wir das zumindest bei heterosexuellen Begegnungen sehr selten, wenn überhaupt jemals. Ich spreche an dieser Stelle explizit von heterosexuellen Begegnungen, da die strukturelle Ungleichheit zwischen Frauen und Männer besteht und es somit gerade bei heterosexuellen Beziehungen wahrscheinlich ist, dass wir diese Ungleichheiten auch in der eigenen Beziehung reproduzieren. Homosexuelle Beziehungen sind hier etwas anders gelagert, da die vorhandenen Ungleichheiten nicht auf der Achse der Geschlechter verlaufen. Dies bedeutet aber nicht automatisch, dass die beteiligten Personen sich auf gleicher Höhe begegnen, schließlich gibt es auch noch weitere soziale und machtvolle Ungleichheiten, wie z. B. soziale oder ethnische Herkunft. Wir brauchen also ‚Werkzeuge', die dafür garantieren können, dass wir trotz der ungleichen Möglichkeiten und Macht moralisch guten Sex haben. Werkzeuge, die im besten Fall die ungleichen Möglichkeiten wieder ausgleichen. Diese Werkzeuge sind das Thema des nächsten Abschnitts.

Take Home Message

Sexuelle Objektifizierung kann problematisch sein, ist es aber nicht notwendigerweise. Sexuelle Objektifizierung ist dann problematisch, wenn sie in einem Kontext stattfindet, in dem Gleichheit, Respekt und Zustimmung fehlen, in dem also manche Personen mehr Macht und mehr Möglichkeiten haben als andere. Das bedeutet, wenn wir untersuchen, was moralisch guter und was moralisch problematischer Sex ist, dann müssen wir uns immer auch den gesellschaftlichen und spezifischen Kontext der sexuellen Situation anschauen.

4

Zustimmung in der Sexualethik: Legitimer Sex und problematischer Sex

„Nicht Vergewaltigung, nicht ganz, aber dennoch unerwünscht, unerwünscht bis ins Mark."

J.M. Coetzee, Disgrace

4.1 Was ist sexuelle Zustimmung?

Im letzten Kapitel habe ich argumentiert, dass es zwar schwierig aber nicht unmöglich ist, die strukturellen Ungleichheiten, die noch immer zwischen den Geschlechtern existieren, hinter sich zu lassen und sich in sexuellen Beziehungen mit Respekt zu begegnen. Hierfür braucht es bestimmte Mittel, wie wir dies tun können. Mittlerweile gilt Zustimmung (engl. *consent*) als primäres Werkzeug, um sicherzustellen, dass der Sex moralisch unproblematisch, weil tatsächlich gewollt ist. Die grund-

© Der/die Autor(en), exklusiv lizenziert durch Springer-Verlag GmbH, DE, ein Teil von Springer Nature 2021
H. C. Hänel, *Sex und Moral – passt das zusammen?*, #philosophieorientiert,
https://doi.org/10.1007/978-3-476-05776-1_4

legende Idee ist: Wenn wir sicherstellen, dass alle beteiligten Personen, die sexuelle Handlung wirklich wollen,
dann behandeln wir einander mit Respekt und lassen bestehende Ungleichheiten hinter uns. Sexuelle Zustimmung
als Thema innerhalb der Philosophie ist aber immer noch
ein sehr junges Thema und verdankt seine zentrale Stellung
vor allem feministischen Interventionen darüber, was wir
eigentlich moralisch untersuchen wollen und von wem
dies untersucht wird. So haben feministische Stimmen
in der Philosophie in den letzten Jahren dafür gekämpft,
dass die Sexualethik die zentrale feministische Einsicht
berücksichtigt, dass Frauen Autonomie und Handlungsfähigkeit über ihre eigenen Sexleben haben. Zustimmung
als philosophisches Thema ist vor allem auf diese Einsicht
zurückzuführen. Das soll natürlich nicht bedeuten, dass
die Autonomie und Handlungsfähigkeit von Männern
oder nicht binären und queeren Personen keine Rolle
spielt. Die Annahme ist vielmehr, dass die Autonomie und
Handlungsfähigkeit von Frauen im Gegensatz zu der von
Männern aufgrund der bestehenden Geschlechterungleichheiten über Jahrzehnte ignoriert wurde. Eine Intervention
war hier also notwendig.

Zustimmung gilt als ausschlaggebend aus mindestens
zwei Gründen: Sexuelle Gewalt wird üblicherweise als
besonders schädigend empfunden, und Zustimmung verwandelt eine ansonsten moralisch falsche und unzulässige
Handlung in eine moralisch zulässige Handlung. Philosoph*innen stimmen meist darüber ein, dass gültige oder
authentische Zustimmung von allen Beteiligten notwendig und hinreichend ist, damit die sexuelle Handlung
zulässig wird (Archard 1998). Dieser Gedanke lässt sich
auch in Form von zwei Prinzipien ausdrücken:

Prinzip der Zustimmung: *Eine Handlung ist moralisch zulässig, wenn alle Parteien dieser Handlung (a) kompetent sind, zuzustimmen und (b) ihre gültige Zustimmung geben.*

Dieses Prinzip kann noch verschärft werden, indem man zudem vertritt, dass eine Handlung nur dann moralisch erlaubt ist, wenn ihr zugestimmt wurde *und* wenn sie keine Interessen Dritter verletzt:

Starkes Prinzip der Zustimmung: *Eine Handlung ist moralisch zulässig, wenn alle Parteien dieser Handlung (a) kompetent sind, zuzustimmen, (b) ihre gültige Zustimmung geben und (c) keine Interessen von anderen Parteien in signifikanter Weise geschädigt werden.* (Archard 1998,S. 2).

Doch obwohl eine grobe Übereinstimmung besteht, was diese Prinzipien angeht, gibt es wenig Übereinstimmung in der Frage, was eine gültige oder authentische Zustimmung ausmacht.

Zustimmung ist sowohl eine Frage der mentalen Einstellung als auch eine Frage der performativen Handlung. Es wird also davon ausgegangen, dass Zustimmung erstens ein mentaler Zustand der Einwilligung ist und zweitens ein bestimmtes sprachliches (oder nicht-sprachliches) Verhalten beinhaltet. Zustimmung benötigt also eine bestimmte Art der Handlung oder eines verbalen Sprechakts: „Ja" sagen oder Nicken. Das Theorien der Zustimmung beide Elemente beinhalten, hat vor allem damit zu tun, dass wir natürlich nicht wissen können, was für eine mentale Einstellung eine Person zu einer bestimmten Zeit hat, solange diese Person uns ihre Einstellung nicht mitteilt. Das bedeutet, dass wir etwas darüber sagen müssen, wie die mentale Einstellung mitgeteilt werden kann, damit unsere Theorie darüber, was Zustimmung ausmacht, auch praktisch anwendbar ist. Außerdem kann Zustimmung als reine Frage der Einstellung ohne performatives Element zu problematischen Missverständnissen führen. So wird Frauen häufig eine mentale Einwilligung aufgrund von oberflächlichen Eindrücken unterstellt, die diese aber nicht tatsächlich empfunden haben und auch nicht kommunizieren wollten. Zum Beispiel, dass Frauen, die kurze Röcke tragen, damit signalisieren, dass sie eine mentale Einstellung der Zustimmung haben. Diese angebliche mentale Einwilligung von Frauen wurde dann als Entschuldigung in Fällen sexueller Gewalt angeführt. Wir müssen also nicht nur untersuchen, wann eine mentale Einstellung der Zustimmung vorliegt, sondern auch, wie diese kommuniziert werden muss, damit eine andere Person gerechtfertigter Weise annehmen kann, dass diese bestimmte mentale Einstellung tatsächlich vorliegt. Anders ausgedrückt: Natürlich müssen wir, um zuzustimmen, uns mental in einem Zustand befinden, in dem wir wissen, dass wir zustimmen. Solange ich zwar „ja" sage, aber nicht weiß, wozu ich eigentlich gerade „ja" gesagt habe, gilt dies nicht als Zustimmung. Aber auch wenn ich diese mentale Voraussetzung erfülle, stellt sich die Frage, *was* für eine performative Handlung nötig ist, um Zustimmung zu geben oder Sex abzulehnen.

Ganz grob gibt es zwei bekannte Modelle dazu, wie wir unsere mentale Einstellung in Bezug auf Sex kommunizieren können. Erstens, dass gerechtfertigter Weise von Zustimmung ausgegangen werden kann, wenn ein „ja" entweder verbal oder körperlich artikuliert wird, und zweitens, dass nicht von Zustimmung ausgegangen werden kann, wenn ein „Nein" geäußert wird. Die wichtigen Fragen sind also: Welche performative Handlung muss vorliegen, damit der mentale Zustand der Einwilligung ausgedrückt wird? Und muss eine solche Handlung notwendigerweise verbal erfolgen? Nach dem sogenannten „Nein heißt Nein"-Modell kann nicht von einem mentalen Zustand der Zustimmung ausgegangen werden, wenn sexueller Annäherung mit einem „nein" begegnet wird. Hierfür braucht es keine weiteren Erklärungen, es braucht keine körperliche Abwehr – „Nein heißt Nein". Dieses Modell war eine wichtige Erweiterung traditioneller Rechtsprechung in Bezug auf Vergewaltigung und sexuelle Übergriffe. Bis dato wurde angenommen, dass eine Vergewaltigung nur dann stattgefunden hat, wenn körperliche Gewalt oder Zwang (zum Beispiel durch Waffen oder Erpressung) angewendet wurde, um jemanden zum Sex zu bringen, und wenn die betroffene Person sich körperlich gewehrt hatte. Nach dem „Nein heißt Nein"-Modell reicht ein klares und entschiedenes „nein", um sicherzustellen, dass die sexuelle Handlung nicht erwünscht ist. Das Problem mit diesem Modell ist, dass es die vielfältigen Reaktionen in Zusammenhang mit sexuellen Traumata nicht mit einbezieht. So reagieren viele betroffene Personen in Situationen von sexueller Gewalt zum Beispiel mit mentaler Dissoziation oder physischer Paralyse; Betroffene bleiben dann stumm und passiv, statt ein verbales „Nein" zu äußern. Und auch wenn sichergestellt werden muss, dass die betroffene Person in der Lage ist, „nein" zu sagen – dass sie nüchtern ist, dass sie bei Bewusstsein ist und dass sie informiert ist – reicht dieses Modell nicht für Fälle, in denen Betroffene aus Angst stumm und passiv reagieren.

Nach dem „Ja heißt Ja"-Modell kann nur dann von einem mentalen Zustand der Zustimmung ausgegangen werden, wenn ein „Ja" ausgesprochen oder die Zustimmung eindeutig körperlich gezeigt wird. Schweigen kann hiernach keine Zustimmung sein. Stephen Schulhofer, der diesem Modell ein theoretisches Fundament gegeben hat, schreibt allerdings auch, dass bestimmte körperliche Handlungen in Kombination mit Schweigen sehr wohl eine genuine Zustimmung bedeuten können; wenn Schweigen zum Beispiel mit leidenschaftlichen Küssen oder sexuellen Berührungen einhergeht, kann davon ausgegangen werden, dass Zustimmung auf beiden Seiten vorhanden ist (Schulhofer 1998). Mit anderen Worten: Das *Ja heißt ja*-Modell verfällt im sexuellen Moment schnell ins *Nein heißt nein*-Modell; Schweigen zählt dann unter bestimmten Bedingungen eben doch als Zustimmung. Jetzt könnte man argumentieren – wie es einige getan haben –, dass das „Ja heißt Ja"-Modell tatsächlich ein verbal ausgesprochenes „ja" benötigt. Bestimmte Handlungen oder Verhalten zählen nur dann als Zustimmung, wenn die Person auch „ja" *sagt*.

Es stellt sich daher die Frage, ob implizite Zustimmung ausreicht oder ob Zustimmung expressiv gegeben werden muss. Diese Unterscheidung beschäftigt sich mit der Frage, ob die performative Handlung, die unserem mentalen Zustand der Einwilligung Ausdruck verleihen soll, verbal und explizit erfolgen muss oder nicht. Wie der Name schon sagt, ist expressive Zustimmung dann gegeben, wenn es ein öffentliches, explizites Zeichen von Einwilligung gibt. Wenn ich beispielsweise sage „Ja, ich stimme zu". Oder wenn ich ein schriftliches Dokument oder einen Vertrag unterschreibe. Implizite Zustimmung ist Zustimmung, die durch eine andere Handlung impliziert wird. Implizite Zustimmung ist keine neue Idee und auch nicht nur auf den sexuellen Bereich bezogen; so hat beispielsweise John Locke dafür argumentiert, dass Bürger eines Staates der Regierung dieses Staates implizit zustimmen und damit bestimmte Verpflichtungen inne- haben. Ein einfaches Beispiel hierfür sind Spielregeln: Wenn wir an einer Handlung teilnehmen, die durch

bestimmte Regeln konstituiert ist, dann kann davon ausgegangen werden, dass wir diesen Regeln folgen. Wenn
wir einwilligen, Mensch-Ärger-Dich-Nicht zu spielen,
dann können unsere Mitspieler davon ausgehen, dass
wir nach den allgemein bekannten Regeln spielen. Es sei
denn, wir sind zu jung, um die Regeln zu verstehen oder
um überhaupt zu verstehen, was ein Brettspiel ist, oder
wir kennen die Regeln nicht; implizite Zustimmung setzt
also das Wissen darüber voraus, dass wir an dem Spiel teilnehmen und dass unsere Teilnahme bestimmte Regeln zur
Grundlage hat.

Mit anderen Worten, wenn es für bestimmte Aktivitäten allgemein anerkannte Regeln gibt, dann bedeutet die
Einwilligung in diese Aktivität auch, dass wir einwilligen,
diesen Regeln zu folgen. Aber gibt es solche Regeln für
alle Aktivitäten? Während man klarerweise annehmen
kann, dass man den Regeln folgt, wenn man ein Brettspiel spielt, so ist dies vielleicht weniger anerkannt für
andere und oftmals informellere Regeln, wie Etikette
oder Konventionen. Etikette beim Essen muss man nicht
zwingend akzeptieren, nur weil man sich zum Essen mit
an den Tisch setzt. Tatsächlich wird aber häufig davon ausgegangen, dass es bestimmte Konventionen gibt, die mehr
wie Regeln sind und dass wir gerechtfertigt sind anzunehmen, dass eine Person, die sich an einer bestimmten
Handlung beteiligt, diesen Konventionen folgt. In den
meisten Fällen ist dies unproblematisch: Wenn ich auf
eine Frage hin nicke, dann kann mein Gegenüber gerechtfertigterweise annehmen, dass ich die Frage bejahe.
Schließlich ist es eine allgemein bekannte Konvention zu
nicken, wenn man „Ja" sagt oder mit etwas einverstanden
ist. Die Frage ist aber: Gibt es diese Konventionen auch
für sexuelle Handlungen? Reicht mein Nicken also auch,
um einer sexuellen Handlung zuzustimmen? Oder reicht

es, wenn eine Person auf die Frage hin, ob sie Sex haben möchte, anfängt sich auszuziehen? Ist es hier gerechtfertigt davon auszugehen, dass die Person zustimmt? Ist also eine explizite Handlung des Ausziehens eine implizite Zustimmung? Leider sind Konventionen nicht überall die gleichen – schon das so bekannte Nicken und Kopfschütteln wird regional unterschiedlich verwendet. Konventionen sind also eben gerade nicht wie Regeln. Wir können also nicht unbedingt nur aufgrund der Existenz einer Konvention auf implizite Zustimmung schließen, sondern müssten sicherstellen, dass auch alle Beteiligten von dieser Konvention wissen und sie anerkennen. Gleichzeitig scheint es aber eindeutig, dass eine Person, die sich auf die Frage nach Sex hin beginnt auszuziehen, durch diese explizite Handlung auch ihre Zustimmung ausdrückt.

Nehmen wir also mal an, dass es tatsächlich bestimmte explizite Handlungen geben kann, die eine implizite Zustimmung zum Ausdruck bringen oder die zumindest – wenn nicht als Ausdruck der Zustimmung – mit bestimmten Pflichten einhergehen; dass also durch die Zustimmung zu einer Sache gerechtfertigterweise bestimmte Pflichten gegenüber einer anderen Sache angenommen werden können (Singer 1973, S. 47). Aber welche Handlungen sind das? Wann ist eine implizite Zustimmung tatsächlich eine gültige Zustimmung? Wenn wir von Konventionen oder Regeln sprechen, dann sprechen wir indirekt auch davon, dass bestimmte Dinge als ‚normal' gelten, wenn andere Dinge stattfinden. Wenn wir ein Brettspiel spielen, dann ist es ‚normal' anzunehmen, dass wir uns alle an die Regeln halten. Aber ist es immer noch „normal" anzunehmen, dass jemand, der sich auf die Frage nach Sex hin auszieht, damit auch wirklich eine Zustimmung *zu Sex* gibt? Vielleicht möchte die Person zum Ausdruck bringen, dass nackt sein ok ist, aber nicht unbedingt Sex? Sexuelle Aktivität besteht schließlich nicht nur aus einer einzigen Sache, sondern steigert sich im Verlauf der Aktivität; Küssen, Streicheln, Nacktsein, Penetration können alles Teile der sexuellen Aktivität sein, aber müssen es nicht – schließlich könnte jeder Punkt zugunsten eines anderen übersprungen werden. Oder wir könnten auch einfach an einem bestimmten Punkt aufhören und eben nicht zum nächsten Teil der Aktivität übergehen. Die Idee, dass beim Sex eine Handlung auf die andere folgt bis schließlich der Höhepunkt das Ende signalisiert, ist eine veraltete und problematische Ansicht. Sex beginnt nicht unbedingt mit Küssen und endet nicht zwangsläufig mit Penetration und vor allem nicht mit einem Orgasmus. Sex kann, wie wir in der Einleitung gesehen haben, ganz ohne Küssen oder auch ganz ohne Penetration auskommen. Und vor allem kann Sex ganz ohne Orgasmus passieren. Das Problem an der Idee, dass Sex einem bestimmten Schema folgt, ist eben genau die Frage nach Zustimmung. So wird hier häufig angenommen, dass auf die Zustimmung zum Ausziehen und Streicheln notwendigerweise die Penetration folgt – dass also die explizite Zustimmung zu verschiedenen sexuellen Aktivitäten auch die Zustimmung zu Penetration impliziert. Das erhöht erstens den Druck auf alle beteiligten Personen, die einmal begonnene Handlung nun auch zum Ende zu bringen, und kann zweitens bedeuten, dass die Ablehnung einer Person nicht mehr als Ablehnung wahrgenommen wird. Angesichts des hohen Schadens, der passieren kann, wenn wir fälschlicherweise annehmen, dass die Zustimmung gegeben ist, sollten wir zumindest in Bezug auf sexuelle Aktivitäten sehr vorsichtig sein, eine implizite Zustimmung – aufgrund von Konventionen, Regeln oder Gesten – tatsächlich als Zustimmung gelten zu lassen (Archard 1997). Und mal ganz ehrlich, was wäre so schlimm daran, wenn wir uns noch mal verbal absichern, ob wir die Gesten oder Handlung der anderen Person nun wirklich richtig verstanden haben?

Zunächst könnte man hier natürlich einwenden, dass das ständige Rückversichern, ob die andere Person auch tatsächlich ihre Zustimmung gibt, störend ist. Die Annahme hierbei scheint zu sein, dass sexuelle Handlungen ohne viele Worte auskommen und wir durch Worte die Romantik und erotische Spannung des Augenblicks zerstören. Und tatsächlich ist dies der Fall, wenn wir uns sexuelle Handlungen so vorstellen, wie sie im Fernsehen meistens dargestellt werden. Während wir uns die Kleider vom Leib reißen, scheint es tatsächlich störend, innezuhalten und erstmal zu fragen, ob die andere Person eigentlich gerade entkleidet werden möchte. Hier liegen aber mindestens drei Gegenargumente auf der Hand. Erstens, die meisten Personen haben nur selten so Sex, wie es im Fernsehen an der Tagesordnung ist. Häufig reißen wir uns eben gerade nicht die Kleider vom Leib oder nehmen mit dem Schuhschrank im Flur vorlieb, weil wir es nicht mehr bis aufs Sofa schaffen vor erotischer Spannung. Und wenn die sexuelle Handlung gar nicht so stürmisch ist, wie im Fernsehen gezeigt, dann kann eine kurze Rückversicherung die erotische Spannung auch gar nicht zerstören. Zweitens, ist gerade die Idee der erotischen Spannung, unter der eine Handlung wie automatisch der nächsten folgt, problematisch – wie eben erst kritisiert. Beim Sex können wir uns eben nicht auf Konventionen verlassen, wie zum Beispiel der Konvention, dass nach Petting oder Ausziehen, Penetration folgt. Und drittens, was wäre katastrophaler für die Romantik oder erotische Spannung als wenn sich herausstellt, dass die andere Person eben doch nicht wollte. Die kurze verbale Rückversicherung scheint hier klarerweise das kleinere Übel. Danach wäre verbale Zustimmung gegenüber impliziter Zustimmung zu präferieren.

Aber vielleicht, möchte man trotzdem einwenden, können wir zumindest bei Personen, die uns gut bekannt sind, eine implizite Zustimmung gelten lassen. Schließlich weiß man, was der andere will, wenn man schon seit Jahren ein gemeinsames Sexleben teilt; da reicht dann ein Nicken oder eine Geste, um Zustimmung zum Ausdruck zu bringen. Aber selbst bei Liebespaaren, die scheinbar auch ohne explizite Zustimmung wissen, wann, wie und ob sie beide dem Sex zustimmen, ist hier zumindest Vorsicht geboten. Nicht nur können Beziehungen auch noch nach Jahren ihren Charakter verändern: Nur weil es zu einer bestimmten Zeit keine Notwendigkeit gab, eine explizite Zustimmung einzuholen, heißt dies nicht, dass es niemals eine solche Notwendigkeit geben wird – gerade die Gewohnheit einer Aktivität kann ja noch stärker dazu führen, dass wir die tatsächlichen Signale der anderen Person schlicht nicht mehr zur Kenntnis nehmen. Und natürlich können sich auch die sexuellen Bedürfnisse der beteiligten Personen verändern: Nur weil ein Liebespaar schon seit Jahren die gleichen sexuellen Handlungen teilt, heißt das schließlich nicht, dass es nicht eine Zeit geben kann, in der etwas anderes initiiert wird; außerdem können wir auch alle einfach mal einen schlechten Tag haben. Weiterhin ist es gerade bei langjährigen Liebesbeziehungen manchmal schwierig, zwischen Vertrauen und Verständnis auf der einen Seite und Gewohnheit, Inkaufnahme oder Passivität auf der anderen zu unterscheiden. Und es besteht immer die Gefahr, dass man den anderen nicht verletzen will, dass man sich aufgrund der gemeinsamen Jahre verpflichtet oder – aufgrund von Ungleichheiten innerhalb der Beziehung – unter Druck gesetzt fühlt. Das Ideal der gegenseitig einfühlsamen Liebesbeziehung ist genau das: ein Ideal. Nur wenige tatsächliche Beziehungen leben dieses Ideal im Alltag – im schlimmsten Fall gibt es gerade in der Beziehung

Enttäuschung, Angst, Gewalt oder Unwohlsein. Die Beziehung, die keine explizite Zustimmung mehr braucht, mag es geben, aber sicher nicht so häufig, wie wir vielleicht hoffen. Und solange die Gesellschaft durch Ungleichheiten geformt ist, die sich auf unsere Beziehungen auswirken können, sollten wir auch hier im Hinblick auf die Annahme vorsichtig sein, wir wüssten, was unser Partner oder unsere Partnerin will, ohne vorher nochmal zu fragen.

Was also können wir gerechtfertigterweise annehmen in Bezug auf Zustimmung und was nicht? Letztendlich scheint sich diese Frage nur beantworten zu lassen, wenn wir sowohl den Kontext als auch die spezifische Beziehung der in Frage stehenden Personen mit einbeziehen. Zunächst lässt sich aber Folgendes festhalten: Je weniger zwei (oder mehr) Personen miteinander vertraut sind oder je weniger vertraut die gemeinsame sexuelle Handlung ist, desto wichtiger ist explizite Zustimmung von beiden (oder allen) Beteiligten. Grundsätzlich aber sollte davon ausgegangen werden, dass Zustimmung *nicht* gegeben ist, solange es keine Hinweise auf das Gegenteil gibt – statt Zustimmung anzunehmen oder vorauszusetzen. Häufig wird die sexuelle Zustimmung mit Verträgen verglichen – wir werden weiter unten sehen, warum das problematisch ist, aber in diesem Fall ist die Analogie ausnahmsweise angebracht: Es wäre nicht gerechtfertigt anzunehmen, dass jemand alle möglichen hypothetischen Verträge unterschreiben würde, solange die Person nicht das Gegenteil kundtut. Vielmehr muss hier angenommen werden, dass kein Vertrag unterschrieben ist, solange die Person den Vertrag nicht tatsächlich unterschreibt. Und das bedeutet, dass keine sexuelle Zustimmung gegeben ist, bis die Person diese Zustimmung gibt.

Es gibt also gute Gründe dafür, dass explizite Zustimmung hier in verbaler Form gegeben werden sollte.

Schließlich ist es weder eindeutig, welche sozialen Konventionen in welchem Kontext von allen anerkannt sind, noch ob eine Person sich wissend der sozialen Konvention gemäß verhält – oder ob sie vielmehr fälschlicherweise so gelesen wird, als würde sie sich entsprechend verhalten. Frauen gelten immer noch häufig als sexuell passiv, auf die Initiative des Mannes wartend. Die Passivität von Frauen kann schnell als falsche soziale Konvention verstanden und so die fehlende Zustimmung der Frau übergangen werden.

Das Problem mit beiden Modellen, also sowohl dem *Ja heißt Ja*-Modell als auch dem *Nein heißt Nein*-Modell, ist schlicht und einfach, dass sie nicht mehr einzulösen vermögen, was die ursprüngliche Motivation für die Zustimmung war, nämlich eine Grundlage für Handlungsmöglichkeit zu schaffen. Es besteht unverändert das Risiko, dass, wenn eine Person mitten in der Handlung diese beenden möchte, ihr nichts anderes übrig bleibt, als „nein" zu sagen. Es sei denn, wir verlangen, dass alle beteiligten Personen sich regelmäßig ihrer Zustimmung versichern – alle fünf Minuten? Alle zwei Sekunden? Bei beiden Modellen ist also das Problem gegeben, dass Zwang oder Angst dazu führen können, dass Personen den Sex nicht vorzeitig unterbrechen können; dass sie also obwohl sich ihr mentaler Zustand der Einwilligung verändert, diesen nicht umsetzen können. Dieses Problem kann auch anders ausgedrückt werden: Statt einen Fokus auf die Person zu legen, deren mentaler Zustand sich ändert, die also ein ‚Werkzeug' benötigt, um den Sex vorzeitig zu beenden, fokussieren diese Modelle auf die Person, die die sexuelle Handlung initiiert hat bzw. mit ihr weitermachen möchte. Die Kernfrage ist hier: Ab wann können wir mit unserer Handlung gerechtfertigter Weise weitermachen und wann sollten wir lieber aufhören? Das bedeutet natürlich nicht, dass die rechtliche Implementierung sowohl von *Nein heißt nein* als auch *Ja heißt ja* in die

Gesetzgebung in Bezug auf Vergewaltigung nicht notwendig und sinnvoll war. Es bedeutet aber zumindest für eine philosophische Theorie, dass wir noch mehr leisten müssen und können (s. dazu Abschn. 6.4).

Wir dürfen aber zunächst festhalten: Vor der feministischen Intervention wurde Zustimmung (zumindest von Frauen) sehr weit ausgelegt, Zustimmung war schlicht die Abwesenheit von Weigerung oder Ablehnung; nach dieser Auffassung stimmen allerdings auch alkoholisierte, schlafende oder bewusstlose Personen zu. Außerdem wurde häufig angenommen, dass bestimmte Gesten, ein bestimmtes Benehmen, ein bestimmter Kleidungsstil, die soziale Herkunft, die Zugehörigkeit zu einer ethnischen Gruppe oder die bestehende Beziehung zu einem Mann an sich schon eine Einwilligung zum Sex bedeuten, ohne dass die andere Person überhaupt gefragt werden muss, wie es mit ihrem mentalen Zustand aussieht. Danach gaben also zum Beispiel flirtende Frauen, Frauen im Minirock, arme Frauen, schwarze Frauen, Sexarbeiterinnen automatisch ihre Zustimmung zum Sex – einfach weil sie flirteten, Miniröcke trugen, arm oder schwarz waren oder als Sexarbeiterinnen arbeiteten. Und natürlich brauchte in der Ehe ohnehin nicht nach Zustimmung gefragt werden, schließlich galt Sex als „eheliche Pflicht". Klarerweise war hier eine Intervention von feministischer Seite notwendig; Zustimmung ist schließlich eine aktive Handlung, die die Optionen dessen, was möglich und machbar ist, verändert. Deswegen braucht es eine aktive und performative Handlung, mit der ich meine Einwilligung ausdrücke. Aber trotzdem: Manchmal ist Zustimmung – trotz aktiver und performativer Einwilligung – schlicht nicht gültig; zum Beispiel, wenn ich Zustimmung erteile, während mir eine Waffe an den Kopf gehalten wird. Andere Beispiele sind weniger offensichtlich. Wann befinde ich mich in einem mentalen Zustand der Einwilligung? Was also ist gültige Zustimmung? Wann gilt meine aktive und performative Einwilligung tatsächlich als Zustimmung und wann eben nicht?

Take Home Message

Zustimmung ist ein mentaler Zustand der Einwilligung zu einer sexuellen Aktivität, der entweder verbal oder nicht-verbal zum Ausdruck gebracht werden kann. Verbale Zustimmung beinhaltet zum Beispiel das Wort „Ja", nicht-verbale Zustimmung eine bestimmte Geste oder Handlung. Aber Zustimmung kann Gültigkeit haben oder nicht, je nachdem ob alle relevanten Bedingungen für Zustimmung gegeben sind.

4.2 Gültige und ungültige Zustimmung

Wir haben gesehen: Zustimmung ist sowohl ein mentaler Zustand als auch eine aktive Handlung, die die Optionen dessen, was möglich und machbar ist, verändern *kann*. Und wir haben gesehen: Explizite Zustimmung ist besser als implizite Zustimmung, und explizite verbale Zustimmung ist besser als explizite Zustimmung durch Handlungen oder Gesten. Generell gilt aber: Probleme dieser Art – wenn Personen aus Zwang oder Angst unaufrichtig Zustimmung kommunizieren – können nicht abschließend gelöst werden, indem wir vom *Nein heißt Nein*-Modell zum *Ja heißt Ja*-Modell übergehen. Damit unser verbaler und expliziter Ausdruck der Zustimmung tatsächlich gültig ist, muss unsere zugrundeliegende mentale Einstellung bestimmte Bedingungen erfüllen. Wann also befinden wir uns tatsächlich in einem Zustand der Einwilligung? Was verstehen wir unter gültiger Zustimmung bzw. unter ungültiger Zustimmung jenseits des drastischen Beispiels der durch Waffengewalt erzwungenen Zustimmung? Oder allgemeiner ausgedrückt: Wann sind Personen tatsächlich frei von Zwang?

Was also macht jetzt explizite verbale Zustimmung zu gültiger Zustimmung? Kann jede Person verbale und damit gültige Zustimmung geben? Ist eine verbale Zustimmung auch zwangsläufig eine gültige Zustimmung? Können auch Jugendliche gültige Zustimmung erteilen? Ist meine sexuelle Zustimmung gültig, wenn ich sie meinem Chef gegenüber äußere? Konnte Monika Lewinsky eine gültige Zustimmung geben, als Bill Clinton sie fragte, ob sie Sex wolle? Ist unsere Zustimmung gültig, wenn wir betrunken sind? Können wir zu allen möglichen auch nur vorstellbaren sexuellen Handlungen unsere gültige Zustimmung geben? Ist unsere Zustimmung gültig, wenn sie uns selbst schädigt? Diese Fragen legen nahe, dass nicht jede Form der expliziten verbalen Zustimmung auch gültige Zustimmung ist – denn wir müssen uns auch noch in einem ganz bestimmten mentalen Zustand befinden, um überhaupt Zustimmung geben zu können. Es wäre zum Beispiel sehr problematisch, davon auszugehen, dass Kinder, die noch kein Verständnis von sexuellen Handlungen und den sich daraus ergebenden Konsequenzen haben, ihre Zustimmung zu diesen Handlungen geben können. Und vielleicht gilt dies ebenso für Erwachsene, die stark betrunken sind. Denn auch hier ist anzunehmen, dass ihnen zumindest für den Zeitraum des Betrunkenseins die Fähigkeit fehlt, genau einzuschätzen, zu *was* sie ihre Zustimmung geben. Ebenso ist es problematisch, von gültiger Zustimmung zu sprechen, wenn der zustimmenden Person wichtige Informationen über die sexuelle Handlung fehlen. Und natürlich müssen wir frei sein, uns für oder gegen etwas zu entscheiden. Wenn mir eine Waffe an den Kopf gehalten wird, dann ist meine Zustimmung eindeutig nicht gültig – schließlich willige ich *nur* unter Gewalteinwirkung ein. Vielleicht ist daher auch die Zustimmung, die wir unserem Vorgesetzten gegenüber äußern, nicht gültig. Auch hier befinden wir uns in einer nicht ganz freiwilligen Situation, schließlich sind wir von unserem Vorgesetzten auf grundlegende Weise abhängig. Zumindest lassen sich anhand dieser Überlegungen die folgenden Bedingungen formulieren, die für gültige Zustimmung notwendig sind:

1. Eine Person muss die Fähigkeit besitzen, ihre Zustimmung zu geben. Hierzu zählt sowohl das Vermögen zu verstehen, zu *was* sie ihre Zustimmung erteilt, als auch eine Entscheidung über diese Angelegenheit zu fällen. Ein Unvermögen, die Zustimmung zu erteilen, kann ebenso ein temporäres Unvermögen sein wie ein permanentes. Wenn ich sehr betrunken bin, dann verliere ich für einen bestimmten Zeitraum mein Vermögen, eine rationale Entscheidung zu fällen; dies ist ein temporäres Unvermögen, denn ich gewinne mein Vermögen zurück, sobald ich nicht mehr betrunken bin. Das Gleiche gilt, wenn ich im künstlichen Koma liege oder ohnmächtig bin oder auch nur schlafe. Schwer mental behinderte Personen können manchmal ein permanentes Unvermögen haben, ihre gültige Zustimmung zu Sex zu geben – nämlich genau dann, wenn sie nicht verstehen können, zu was sie ihre Zustimmung erteilen (und welche Implikationen dies auf sozialer und gesellschaftlicher Ebene hat), oder wenn sie keine rationale Entscheidung über die Angelegenheit treffen können. Das bedeutet nicht, dass alle (mental) behinderten Personen ein permanentes Unvermögen

haben, eine gültige Zustimmung zu geben. Kinder sind ein weiterer Grenzfall: Solange sie Kinder sind, können wir sagen, dass sie ein Unvermögen haben, ihre gültige Zustimmung zu Sex zu geben; das gilt, bis sie alt genug sind, um zu verstehen, wem oder was sie zustimmen, und eine rationale Entscheidung darüber treffen zu können. Natürlich ist es alles andere als einfach zu beantworten, wann wir über eine Angelegenheit eine rationale Entscheidung treffen können und wann eben nicht.

2. Eine Person muss über die Angelegenheit, der sie zustimmt, genügend informiert sein. Das bedeutet, die Person muss wissen, zu *was* sie ihre Zustimmung erteilt und welche Folgen diese Zustimmung hat. Die Person muss also alle wichtigen Informationen haben, die relevant für ihre Entscheidung sind. Gesetzlich unterscheidet man beispielsweise zwischen zwei unterschiedlichen Formen der Täuschung in Bezug auf Zustimmung: Täuschung über das Faktum und Täuschung über das Motiv. Das erste ist eine Täuschung über den Gegenstand, die Handlung oder die involvierten Personen selbst, das zweite ist eine Täuschung über eine Angelegenheit, die als Motiv für unsere Zustimmung herhält. Bei Ersterem weiß die Person also einfach nicht, welcher Sache sie zustimmt. Im zweiten Fall weiß sie es, sie weiß aber nicht warum. Unter die Täuschung über das Faktum fallen beispielsweise die Fälle von Sex, bei denen der Mann heimlich das Kondom entfernt: Hier geht es um eine Täuschung darüber, was für eine Handlung passiert. Die Täuschung über das Motiv bezieht sich auf Fälle, in denen eine Person darüber im Unklaren gelassen wird, warum die sexuelle Handlung wichtig ist. Uns werden also falsche Motive vorgespielt, etwa dass die andere Person uns liebt, uns heiraten will oder keine anderen

Partner*innen hat. Es wird häufig angenommen, dass Fälle, in denen eine Person darüber getäuscht wird, warum sie einer sexuellen Handlung zustimmt, weniger schwerwiegend sind als Fälle, in denen die Person nicht weiß, welcher Handlung sie zustimmt (Feinberg 1986, S. 300). Die Annahme ist, dass es Aspekte einer sexuellen Handlung gibt, die schwerer wiegen als andere. Letztendlich kommt es aber natürlich auch hier darauf an, wie wichtig der Person die Motive sind, aus denen sie zustimmt und zu welchem Grad diese womöglich fehlen.

3. Sexuelle Zustimmung kann nur dann gültig sein, wenn sie freiwillig gegeben wird. Das klingt zunächst ganz einfach, ist es aber nicht. Offensichtlich kann es Unterschiede im Grad der Freiwilligkeit geben. Ob mir jemand eine Waffe an den Kopf hält, um meine Zustimmung zu erzwingen, oder ob ich in einer ungleichen Gesellschaft lebe und weniger Möglichkeiten und weniger Macht habe als mein Gegenüber, sind eindeutig unterschiedliche Einschränkungen meiner Freiwilligkeit. Zustimmung lässt sich aber nicht in Graden messen. Zustimmung ist entweder gegeben oder eben nicht. Die Frage ist also, ob es einen bestimmten Grad gibt, bei dem meine Freiwilligkeit so weit beschnitten ist, dass meine Zustimmung keine Gültigkeit mehr hat. Hier kann es hilfreich sein, sich paradigmatische Fälle für vollständige bzw. vollständig fehlende Freiwilligkeit anzusehen. Wenn körperliche Gewalt im Spiel ist oder mit schwerem körperlichem Schaden gedroht wird – wenn eine Person also keine andere Wahl hat, als zuzustimmen –, ist eindeutig keine Freiwilligkeit gegeben. Die Zustimmung in dieser Situation kann somit keine Gültigkeit haben. Wenn eine Person aber ebenso viele Möglichkeiten und ebenso viel Macht hat, wie diejenige, die den Sex

initiiert – wenn also volle Wahlfreiheit besteht –, dann zählt die Zustimmung folgerichtig als gültig. Als erste Richtlinie können wir hier also festhalten: Je weniger gerechtfertigte Alternativen oder Wahlmöglichkeiten eine Person hat, desto eher sollten wir davon ausgehen, dass die gegebene Zustimmung nicht freiwillig ist.

Nach diesen Bedingungen ist Zustimmung also genau dann gültig, wenn die zustimmende Person erstens die Fähigkeit besitzt und zweitens genügend informiert ist, ihre Zustimmung zu geben, und drittens freiwillig handelt. Um überhaupt einen mentalen Zustand der Einwilligung zu erreichen, müssen diese Bedingungen erfüllt sein. Aber hier stellt sich ein weiteres Problem in Bezug auf die Bedingung der Freiwilligkeit. Zumeist wird angenommen, dass wir dann freiwillig handeln, wenn uns eine bestimmte Anzahl an positiven Handlungsoptionen offensteht – wenn wir also beispielsweise die Option haben, dem Sex zuzustimmen als auch die Option, den Sex abzulehnen ohne dadurch unsere Beziehung zu der Person zu zerstören, die den Sex versucht hat zu initiieren, oder andere Verluste zu erleiden. Freiwilligkeit ist allerdings noch viel komplexer als dieses Bild vermuten lässt.

Zudem hat sich die derzeitige Diskussion über Zustimmung weit von der feministischen Einsicht zur Handlungsfähigkeit entfernt. Moralphilosophie und Rechtstheorie untersuchen Zustimmung vor allem als moralische Macht – Macht darüber, Erlaubnis zu erteilen, die eine ansonsten unzulässige in eine zulässige Handlung verwandelt. Hierbei geht es primär darum herauszufinden, was als Zustimmung gelten sollte und welche Formen der Ignoranz oder Unwissenheit über die (fehlende) Zustimmung einer anderen Person begründet sind und als Entschuldigung gelten sollten, wenn sexuelle Grenzen überschritten werden und sexuelle Gewalt ausgeübt wird. Es geht also um Überlegungen zu Nötigung und Zwang, Täuschung und Betrug sowie Fehlkommunikation in sexuellen Kontexten, nicht aber um die Handlungsfähigkeit *aller* beteiligten Personen – auch der potenziell verletzten Person. Der Fokus liegt dabei nämlich auf der Frage, wann wir gerechtfertigter Weise annehmen dürfen, dass eine andere Person ihre Zustimmung kommuniziert und wann wir dies eben nicht annehmen dürfen. Dies blendet aber eine viel grundlegendere Frage aus: Wann können wir überhaupt annehmen, dass wir uns in einem mentalen Zustand der Einwilligung befinden (können), in dem wir die Bedingung der Freiwilligkeit erfüllen. Und bei dieser Frage sind Handlungsfähigkeit und Zustimmung unwiderruflich miteinander verknüpft.

Take Home Message

Gültige Zustimmung ist Zustimmung, bei der die folgenden Bedingungen erfüllt sind: Die zustimmende Person besitzt (1) die Fähigkeit und ist (2) genügend informiert, um ihre Zustimmung zu geben, und sie handelt (3) freiwillig. Wenn wir davon sprechen, dass Zustimmung eine sexuelle Handlung legitimiert, dann beziehen wir uns auf gültige Zustimmung.

4.3   Sexuelle Verpflichtungen

Wir haben gesehen, Zustimmung kann Sex legitimieren, wenn die gegebene Zustimmung auch gültig ist. Allerdings habe ich bislang wenig dazu gesagt, *wann* genau Zustimmung erfolgen muss. Kann zum Beispiel davon ausgegangen werden, dass Zustimmung, die einmal gegeben wurde, auch für zukünftige sexuelle Handlungen gilt?

Diese Annahme scheint generell problematisch, schließlich können wir uns jederzeit anders entscheiden. Wie ich oben diskutiert habe, laufen sowohl das *Nein heißt nein*-Modell als auch das *Ja heißt ja*-Modell Gefahr, dass wir Sex, dem wir eben noch zugestimmt haben, fünf Minuten später nur noch schwer unterbrechen können. Diese Gefahr ist natürlich umso größer, wenn unsere einmal gegebene Zustimmung auch für neue zukünftige sexuelle Handlungen gelten würde. Jede neue sexuelle Handlung muss also durch eine neue Einwilligung aller Beteiligten eingeleitet werden. Aber kann es Situationen geben, in denen wir explizit Zustimmung zu einer sexuellen Handlung an einem späteren Zeitpunkt geben? Stellen wir uns mal vor, Larry möchte erst noch die Wäsche aufhängen und den Geschirrspüler ausräumen, während Lisa gerade jetzt versucht, Sex zu initiieren. Und stellen wir uns weiter vor, Larry sagt so etwas wie: „Ich bin in einer halben Stunde für dich da. Dann ist hier alles geschafft und ich habe gerne mit dir Sex." Hat Larry damit seine Zustimmung gegeben, dass er in einer halben Stunde mit Lisa Sex hat? Oder muss Lisa in einer halben Stunde nochmal nach Larrys Zustimmung fragen? Anders gefragt: Gibt es sexuelle Verpflichtungen? Hat Larry sich dazu verpflichtet in einer halben Stunde mit Lisa Sex zu haben – auch, wenn er in einer halben Stunde vielleicht gar keine Lust mehr dazu hat, mit Lisa Sex zu haben? Diese Frage lässt sich auch ganz allgemein stellen: Hat Larry vielleicht schon allein deswegen sexuelle oder moralische Verpflichtungen gegenüber Lisa, weil er mit Lisa in einer sexuellen Beziehung ist?

Viele nehmen an, dass es natürlich Fälle von sexuellen Verpflichtungen in ‚romantischen Beziehungen‘ (mit romantischen Beziehungen sind hier alle andauernden Liebesbeziehungen gemeint, bei denen sich alle Partner der anderen Person oder den anderen Personen gegenüber verpflichtet fühlen) gibt, aus dem einfachen Grund, weil sexuelle Handlungen ein wichtiger Bestandteil von romantischen Beziehungen sind. Wenn wir in einer romantischen Beziehung sind, erwarten wir sozusagen, dass dort auch Sex eine Rolle spielt bzw. spielen muss. Das würde bedeuten, dass es zwar moralisch verwerflich und unzulässig ist, jemanden zu zwingen, Sex zu haben, dass es aber nicht eindeutig falsch ist, damit zu drohen, die Beziehung zu beenden, wenn die Partnerin oder der Partner keinen Sex haben will (Conly 2004; Anderson 2013). Aber mal ehrlich, das klingt nach einer verdammt schlechten Beziehung, oder? Nicht, weil es keinen Sex gibt, sondern weil eine Person versucht, Sex durch Erpressung zu bekommen. In einer Beziehung den Satz zu sagen „Hab Sex mit mir oder ich verlasse dich", zeugt nicht nur von erschreckend schlechter Kommunikation in der Beziehung, sondern zielt darauf ab, die andere Person zu erpressen; sie hat nur noch die Wahl, etwas zu verlieren, was ihr wichtig ist, oder Sex zu haben. Dies ist eindeutig moralisch falsch – vor allem wenn wir in Betracht ziehen, dass in den meisten Beziehungen die Güter nicht gleichmäßig verteilt sind; damit ist es also sehr wahrscheinlich, dass eine Person in irgendeiner Weise auf die andere Person angewiesen ist, sei es aus finanziellen, emotionalen, materiellen oder anderen Gründen. Außerdem ist davon auszugehen, dass die Person, die damit droht zu gehen, wenn es keinen Sex gibt, auch die Person ist, die mehr Macht und mehr Möglichkeiten hat – ansonsten wäre das Ganze eine leere Drohung und hätte keine Wirkung. Wer sagt schon „Hab Sex mit mir oder ich verlasse dich" wissend, dass er ohne Wohnung und Geld dastehen würde, sollte die andere Person sich gegen den Sex entscheiden?

Der Satz ist also aller Wahrscheinlichkeit nach tatsächlich eine Drohung, und jemanden durch Drohen zum

Sex zu motivieren, ist moralisch falsch – völlig egal, ob in Beziehungen oder nicht. Das bedeutet natürlich nicht, dass es ebenfalls moralisch falsch wäre, eine Beziehung zu beenden, in der man sexuell nicht befriedigt wird; sei es, weil es keinen Sex (mehr) gibt oder weil der Sex nicht der ist, den man gerne hätte. Aber es macht einen großen Unterschied anzusprechen, dass man sexuell nicht mehr befriedigt ist und deswegen die Beziehung beenden möchte, oder der anderen Person ein Ultimatum zu stellen: Entweder Sex und Beziehung oder keine Beziehung.

Tatsächlich scheint vieles an der Intuition, dass es zwar moralisch unzulässig ist, jemanden zum Sex zu zwingen, aber nicht, jemanden vor solch ein Ultimatum zu stellen, falsch zu sein. Das Ultimatum wäre nur zulässig, wenn wir tatsächlich davon ausgehen könnten, dass Sex ein wichtiger und grundsätzlich erwartbarer Bestandteil romantischer Beziehungen ist. Aber ist dem überhaupt so? Schließlich gibt es viele romantische Beziehungen, die keinen Sex haben; entweder weil sie auf die Ehe warten oder auf den richtigen Moment oder weil sich die Beziehung sexuell auseinandergelebt hat, aber immer noch als Beziehung besteht. Und es gibt ebenso viel Sex, der ganz ohne (monogame) romantische Beziehung auskommt. Es ist überhaupt nicht abwegig, sich vorzustellen, dass ein Ehepaar nach Jahren der Ehe zwar glücklich miteinander ist, aber keinen Sex in der Ehe mehr hat, sondern diesen mit fremden Personen außerhalb der Ehe sucht. Sex gehört gar nicht so eindeutig in romantische Beziehungen, wie wir vielleicht häufig annehmen. Warum halten wir also an dieser Vorstellung fest?

Unsere sozialen Beziehungen sind durch soziale Normen konstituiert; je nachdem was für eine Beziehung wir mit einer anderen Person eingehen, greifen unterschiedliche Normen. Soziale Normen – in der Philosophie

manchmal auch kulturelle Normen genannt – lassen sich
als eine bestimmte Form der Regelmäßigkeit verstehen.
Wenn sich (fast alle) Mitglieder einer Gemeinschaft, also
zum Beispiel fast alle Bürger eines Staates oder fast alle
Anhänger einer Fangruppe, in einer Situation nach einer
bestimmten Regelmäßigkeit verhalten, es für gut befinden,
dass sie und andere sich nach dieser Regelmäßigkeit verhalten und das Verhalten nach dieser Regelmäßigkeit
dazu führt, dass auch andere sich weiterhin so verhalten,
können wir sagen, dass wir es mit einer bestimmten
sozialen Norm zu tun haben. Ein einfaches Beispiel findet
sich im Straßenverkehr: Ich und die meisten anderen
kontrollieren, bevor sie einen Zebrastreifen überqueren,
ob keine Autos kommen oder wenn doch, ob diese auch
wirklich anhalten. Zudem finde ich es gut, dass wir an
Zebrastreifen vorsichtig sind, weil dies dazu führt, dass
es weniger Unfälle an Zebrastreifen gibt und ich finde es
gefährlich, wenn andere nicht dieselbe Vorsicht zeigen
– auch weil sie dadurch schlechte Vorbilder für meinen
kleinen Sohn darstellen.

Zurück zu unserem Beispiel: Wenn wir uns also in westlichen Gesellschaften befinden und uns Freundschaften
oder romantische Beziehungen ansehen, dann können
wir sagen: Freundschaften und romantische Beziehungen
sind nach sozialen Normen konstituiert, wenn sich (fast)
alle Mitglieder unserer Gesellschaft im Falle von Freundschaften auf eine bestimmte Weise verhalten und im
Falle von Beziehungen auf eine andere, und wenn sie
dieses Verhalten dann so auch von anderen erwarten –
wenn beispielsweise (fast) alle im Falle von romantischen
Beziehungen auch (monogamen) Sex haben und im
Falle von Freundschaften nicht. Sex ist dann eine soziale
Norm, die romantischen Beziehungen aber nicht Freundschaften zugeschrieben wird. Und das bedeutet, dass wir
es für ‚normal‘ halten, in Beziehungen Sex zu haben (und

Sex zu verlangen) und für merkwürdig, wenn dies in einer uns bekannten Beziehung nicht der Fall ist. Das wiederum ist nicht ganz unproblematisch, da es dazu führt, dass asexuelle Personen – also Personen, die in ihrem Leben oder in einem Abschnitt ihres Lebens gerne auf Sex verzichten würden – vor bestimmte Hürden gestellt werden, wenn sie romantische Beziehungen eingehen wollen, und dass es uns schwerer gemacht wird – sowohl von unseren Partnern als auch anderen Personen –, in einer Beziehung zu äußern, dass wir keinen Sex wollen.

Sex als soziale Norm in romantischen Beziehungen ist eine Erwartung, die wir an uns selbst stellen und die von anderen an uns gestellt wird. Aber soziale Normen sind eben gerade nicht unveränderbar, sondern vielmehr Wegweiser dafür, wie unsere Gesellschaft das soziale Leben regelt. Wenn wir uns klarmachen, dass Sex-zu-haben eine soziale Norm ist, die an romantische Beziehungen gestellt wird, dann können wir uns auch dafür entscheiden, dieser Norm nicht zu folgen; allerdings, und das ist wichtig, kann das Nicht-Befolgen der Norm zu Sanktionen führen. Es wäre deswegen also wichtig, nicht nur anzuerkennen, dass es sich bei Sex-zu-haben um eine soziale Norm handelt, sondern auch, dass dies in mancher Hinsicht eine problematische Norm ist. Sex in romantischen Beziehungen ist etwas, was genauso wie andere Dinge ausgehandelt und besprochen werden sollte. Jemandem ein Ultimatum zu stellen, das sich darauf bezieht in einer Beziehung auch Sex zu haben, ist moralisch problematisch. Und zwar weil es so tut, als wäre dies eine festgeschriebene Regel. Damit drängt es den anderen aufgrund der Akzeptanz der sozialen Norm Sex-zu-haben und der Sanktionen, die mit Nicht-Erfüllung einhergeht, in eine Außenseiterrolle. Wie wir oben gesehen haben, ist nicht jede Form der Zustimmung gültig, und eine gültige Zustimmung zu Sex kann nicht erzwungen werden

– jemanden in die Ecke zu drängen ist in Beziehungen ebenso falsch wie in allen anderen Situationen.

Moralische Verpflichtung in Bezug auf Sex sind also schwer vereinbar mit der schlichten Tatsache, dass wir uns jederzeit umentscheiden könnten. Larry hat vielleicht jetzt gerade Lust darauf, in einer halben Stunde mit Lisa Sex zu haben, aber in einer halben Stunde hat er plötzlich viel mehr Lust auf etwas anderes. Auch wenn Larry Lisa verspricht, später mit ihr Sex zu haben, so müssen sowohl Larry als auch Lisa später nochmal Zustimmung geben, wenn sie dann wirklich Sex haben wollen. Zudem ist es problematisch, davon auszugehen, dass wir moralische Verpflichtungen gegenüber anderen haben, nur weil wir uns in einer bestimmten Beziehung mit ihnen befinden und diese nach bestimmten sozialen Normen gestaltet ist. Soziale Normen können uns zwar helfen, unseren Alltag relativ unkompliziert und souverän zu meistern, weil sie uns Handlungsanweisungen geben, wie wir uns wann verhalten sollten – aber soziale Normen sind keineswegs unveränderbar oder verpflichten uns moralisch zu bestimmten Handlungen.

4.4   Und wo liegt jetzt das Problem?

Zustimmung – zu einer sexuellen Handlung, die jetzt gerade geschehen soll – kann diese Handlung legitimieren, wenn die zustimmende Person die Fähigkeit besitzt und genügend informiert ist, um ihre Zustimmung zu geben, und zudem freiwillig handelt. Ich möchte mich jetzt der Frage zuwenden, was es eigentlich bedeutet, wenn eine Handlung legitimiert ist bzw., wann die Bedingung der Freiwilligkeit gegeben ist. Wir haben gesehen, dass gültige Zustimmung sowohl erforderlich als auch ausreichend ist, um eine sexuelle Handlung zulässig zu machen. Heißt, ohne Zustimmung ist die Handlung nicht legitimiert und mit Zustimmung ist sie es. Aber damit die mentale Einwilligung gegeben ist, muss die Bedingung der Freiwilligkeit erfüllt sein. Larry und Lisa haben allerdings gezeigt, dass die gegenwärtigen Geschlechterungleichheiten und strukturellen Ungerechtigkeiten in unserer Gesellschaft vielleicht zur Folge haben, dass wir nicht grundsätzlich – in Abwesenheit von Zwang oder Drohungen – davon ausgehen sollten, dass die Bedingung der Freiwilligkeit tatsächlich gegeben ist. Auch andere Beispiele scheinen dies nahezulegen: Wenn ein Student einer Professorin Sex anbietet, um seine Note zu verbessern, dann ist die daraus folgende sexuelle Handlung problematisch, auch wenn die Professorin zustimmt. Wenn wir Sex nur haben, um unser Selbstwertgefühl zu stärken oder um nicht einsam zu sein, dann kann dies problematisch sein, auch wenn beide Parteien dem Sex zustimmen. Wenn wir Sex haben, um Geld dafür zu bekommen und weil unsere Existenz (und vielleicht die Existenz unserer Kinder) davon abhängt, dann ist dies hochgradig problematisch, auch wenn wir dem Sex zustimmen. Zustimmung ist also entweder nicht ausreichend, um eine sexuelle Handlung moralisch unproblematisch zu machen, oder wir müssten zeigen, dass in all diesen Fällen die gegebene Zustimmung keine gültige oder authentische Zustimmung ist. Zum Beispiel könnten wir argumentieren, dass Zustimmung zu sexuellen Handlungen, die uns selbst schaden, keine gültige Zustimmung ist. Danach wäre die Frage also, wie wir Zustimmung eigentlich auffassen. Aber es gibt Handlungen, wie die zwischen Student und Professorin oder Sex aus Einsamkeit, die vielleicht nicht direkt schädlich sind, aber trotzdem problematisch. Wir fangen also auch mit einer Definition, die vorschreibt, dass wir keine gültige Zustimmung zu schädlichen Handlungen geben können, immer noch nicht alle problematischen sexuellen

Handlungen ein. Oder man könnte argumentieren, dass diese Fälle keine Fälle von gültiger Zustimmung sind, weil sie die Freiwilligkeitsbedingung unterlaufen. Eine genauere Untersuchung bietet sich an.

Wie wir oben gesehen haben, leben wir in einer Welt, die von Ungleichheiten und Ungerechtigkeiten bestimmt ist und geben unsere Zustimmung vor genau diesem Hintergrund. Wir können also sagen, dass die derzeitige Debatte um Zustimmung, die darauf aus ist, eine allgemeingültige Definition zu finden – eine Definition, die Zustimmung also als erforderlich und ausreichend auffasst –, häufig den gesellschaftlichen Kontext ignoriert. Zudem ignoriert eine solche Definition damit auch die unterschiedlichen Möglichkeiten, die Personen in diesem Kontext zur Verfügung haben. Eine komplexe Theorie von Zustimmung muss aber sowohl kontextabhängig sein als auch ein Werkzeug sein, dass uns mehr Möglichkeiten gibt und nicht weniger. Dies bedeutet erstens, dass die Bedingungen, die es zu erfüllen gilt, wenn wir uns in einem mentalen Zustand der Einwilligung befinden, vor dem Hintergrund sozialer Ungleichheit ausbuchstabiert werden müssen. Zweitens, muss das performative Element, dass diesen Zustand der Einwilligung ausdrückt, sich als Werkzeug eignet, wie Personen trotz sozialer Ungleichheit mehr Handlungsfähigkeit bekommen. Dies bedeutet nicht, dass gültige Zustimmung nicht sowohl erforderlich als auch ausreichend ist, um eine sexuelle Handlung zulässig zu machen. Es bedeutet aber sehr wohl, dass die gegenwärtige Zustimmungsdebatte mehr leisten können muss, um zu zeigen, *was* genau gültige Zustimmung ausmacht.

Derzeit läuft also etwas grundlegend falsch mit der philosophischen Zustimmungsdebatte in Bezug auf Sex, und zwar in vielerlei Hinsicht. Zunächst kann man sagen, die philosophische Debatte um sexuelle Zustimmung ignoriert die zugrundeliegenden Geschlechterungleichheiten in der Gesellschaft. Wie wir oben gesehen haben: Wenn Männer Frauen zu Sex drängen, dann tun sie dies vor dem Hintergrund, dass Frauen und Männern unterschiedlich gute Mittel und Möglichkeiten zur Verfügung stehen, Sex durchzusetzen bzw. dem Drängen zu entgehen. Nicht nur, weil Männer in der Regel physisch stärker sind und es für Frauen gerechtfertigt ist zu erwarten, dass ein Mann, der zum Sex drängt, auch Gewalt anwendet, wenn er nicht bekommt, was er will. Sondern auch weil Frauen dazu sozialisiert werden zu geben und Männer zu nehmen; damit müssen Frauen also sowohl gegen ihre eigene Sozialisation wie auch den Mann ankämpfen, wenn sie einer unangenehmen sexuellen Situation entgehen wollen. Außerdem führt die Geschlechterungleichheit in der Gesellschaft dazu, dass strukturell mehr Frauen finanziell oder sozial von Männern abhängig sind, also ohnehin schon weniger Macht und Möglichkeiten haben, um alternative Entscheidungen zu treffen. Gerade vor diesem Hintergrund sind Situationen, in denen Frauen zwar ihre Zustimmung geben, es aber ein starkes Machtungleichgewicht gibt, kritisch zu betrachten.

Situationen, in denen die Zustimmung ohnehin schon in Frage gestellt werden kann, können so noch problematischer sein, und Situationen, in denen zwar alle Bedingungen für gültige Zustimmung erfüllt sind, könnten unter diesem Aspekt immer noch problematisch sein. An dieser Stelle scheint mir eine Illustration mit Hilfe von Beispielen sinnvoll. Situationen, in denen Zustimmung ohnehin schon in Frage gestellt werden kann – bzw. in denen in Frage gestellt werden kann, ob es sich bei der Zustimmung um gültige Zustimmung handelt –, sind oftmals Situationen, in denen bestimmte Tatsachen bestehen, welche dann eine Rolle für die Entscheidung spielen, die von der zustimmenden Person getroffen wird.

Hierzu zählen die folgenden drei Szenarien: (a) Es besteht eine signifikante Ungleichheit zwischen den beteiligten Personen, zum Beispiel finanzielle Ungleichheit, (b) die beteiligten Personen befinden sich in einem ungleichen Verhältnis in Bezug auf ihre institutionellen oder beruflichen Rollen, zum Beispiel sexuelle Zustimmung zwischen Arzt oder Ärztin und Patient*in, Lehrer*in und Schüler*in, Pfarrer und Gemeindemitglied, und (c) eine der beteiligten Personen hat eine Charakterschwäche, zum Beispiel eine besondere Verletzbarkeit oder eine psychologische Eigenschaft, die Auswirkungen auf bestimmte Angebote oder Vorschläge anderer hat – egal ob die andere Person sich dessen bewusst ist oder nicht. Und häufig greifen diese drei Szenarien ineinander.

Stellen wir uns vor, Edward ist Politiker und Millionär und Vivian lebt auf der Straße – ohne festen Wohnsitz, Einkommen oder sozialen Rückhalt. Stellen wir uns weiter vor, Edward macht Vivian ein sexuelles Angebot. Die Frage ist nun: Ist Vivians Zustimmung gültig oder nicht? Hier sind einige Gründe, warum dies zumindest eine problematische Situation ist, die eine genauere Betrachtung verdient. Erstens, angenommen Edward spricht zusätzlich zu seinem Angebot auch noch eine Drohung aus. Diese Drohung hätte allein aufgrund von Edwards Macht und seiner Möglichkeiten mehr Gewicht als die Drohung einer anderen Person. Edwards Angebot – ob mit oder ohne Drohung – muss vor diesem Hintergrund betrachtet werden. Vivian würde sich hier in einer Situation befinden, in der sie gerechtfertigt ist, anzunehmen, dass Edward seine Macht nutzt, um seine Drohung wahr zu machen oder auch unabhängig von der Drohung, sie zum Sex zu bringen bzw. seine Macht zu benutzen, um ein fehlerhaftes Verhalten seinerseits zu vertuschen. Zweitens, angenommen statt einer Drohung unterstützt Edward sein Angebot, indem er Vivian eine große Summe Geld bietet. Wie auch Drohungen den moralischen Kontext verändern und damit das Entscheidungsgerüst, das uns zur Verfügung steht, so können auch bestimmte Angebote unsere Entscheidungsmöglichkeiten beeinflussen. Tatsächlich kann dieses finanzielle Angebot angesichts der bestehenden sozialen Ungleichheit zwischen Edward und Vivian, ihre Entscheidung, den Sex abzulehnen, hinfällig machen – Zustimmung wird dann unter den gegebenen Bedingungen die einzige rational gerechtfertigte Entscheidung. Aber eben nicht, weil Vivian gerne Sex mit Edward hätte, sondern weil ihre finanzielle Situation ihr diese Alternative als einzige rationale Entscheidung bietet. Die Situation bekommt damit einen ausbeuterischen und somit problematischen Aspekt. Natürlich gibt es hier durchaus graduelle Unterschiede. Wenn Vivian sich in einer solchen Notlage befindet, dass sie alleine, um zu überleben, jedem Angebot des Millionärs zustimmen würde, scheint ihre Zustimmung auf keinen Fall eine gültige Zustimmung zu sein. Ebenso, wenn andere Personen (Kinder, Eltern, Verwandte) von ihr abhängig sind und sie deren Existenz mitzudenken hat. Wenn Vivian stattdessen zwar wenig Geld hat, aber doch genug für ein existenzielles Minimum – wie auch immer dies zu definieren ist –, hat sie mehr Entscheidungsfreiheit und ihre Zustimmung ist vielleicht problematisch, aber hat trotz alledem Gültigkeit.

Ein verwandtes Problem in dieser Situation ist, dass Edward und Vivian unterschiedlich gute Ausgangspositionen zum Verhandeln haben – würden Sie beide an einer Auktion teilnehmen, so wäre Vivian klar im Hintertreffen. Wir sollten bedenken, dass sie dies auch in Bezug auf das sexuelle Angebot ist. Ihre Ausgangslage ist ganz einfach viel schlechter als die von Edward. Je verzweifelter sie ist, desto weniger Geld muss er bieten, um sein Angebot attraktiv zu machen und desto weniger Drohungen müsste er anführen, um sie gefügig zu machen. In unserem Beispiel stehen sowohl die Geschlechterungleichheit als auch die finanzielle Ungleichheit gegen Vivian – und, wie ich in der Einleitung gezeigt habe – ist dies kein Zufall; Frauen sind viel häufiger in einer finanziell abhängigen Situation als Männer aufgrund der Ungleichheit zwischen den Geschlechtern. Trotzdem muss natürlich auch hier intersektional gedacht werden. Intersektionalität markiert die Verschränkung und das Zusammenwirken verschiedener sozialer Ungleichheiten. Hiernach macht eine behinderte Frau andere Unterdrückungs- und Benachteiligungserfahrungen als eine Frau oder eine behinderte Person. Ethnizität, Klasse, Nationalität, Sexualität und Alter sind weitere soziale Positionen, die in Bezug auf soziale Ungleichheit mitgedacht werden müssen (Crenshaw 2015). So muss also der Mann, in unserem Beispiel Edward, nicht notwendigerweise in einer strukturell besseren Situation sein als Vivian. Stattdessen könnten wir uns beispielsweise vorstellen, dass selbiges Angebot von Sheryl gemacht wird, die eine weiße, finanziell gut gestellte Geschäftsführerin ist. Tom, in diesem Fall ein schwarzer, finanziell schlecht gestellter Mann, hat dann viel weniger Macht und Möglichkeiten; allein aufgrund seiner sozialen Position.

Das ursprüngliche Beispiel zwischen Edward und Vivian zeigt aber noch ein weiteres Problem. Wohlstand und Status gehen häufig mit anderen Gütern wie Bildung oder Selbstbewusstsein einher. Armut führt dagegen in der Regel nicht nur zu weniger Bildung, sondern häufig auch zu psychologischen Konsequenzen – Minderwertigkeitsgefühle, mangelndes Vertrauen in die eigenen Fähigkeiten und emotionale Abhängigkeit sind nur einige. Dies wiederum kann bedeuten, dass Vivian weniger gut über ihre Möglichkeiten informiert ist, als sie das mit einer höheren (oder angemessenen) Bildung wäre, und dass sie

psychologisch eher gewillt ist, aus mangelndem Selbstwertgefühl oder emotionaler Bestätigung zuzustimmen.
Außerdem – und hier kommt die Geschlechterungleichheit zum Tragen – ist es wahrscheinlich, dass der Mann
nicht nur als Mann, sondern als Mann mit Vermögen
sehr viel selbstverständlicher der Meinung ist, dass ihm
bestimmte Dinge zustehen, so auch der Körper einer
Frau. Und dass bedürftige Frauen bei ihm noch weniger
Respekt erhalten als andere Frauen. Generell kann also
gesagt werden, dass ungleiche Machtstellung, Reputation,
finanzielle Situationen und die damit einhergehenden
Güter, wie Bildung und Selbstbewusstsein, direkte Auswirkungen darauf haben, welche Zustimmung als gültig
zu betrachten ist. Was als gültige Zustimmung zählt und
was nicht, kann also nicht unabhängig vom spezifischen
sozialen Kontext bewertet werden.

Der Fokus auf die sozialen Ungleichheiten zeigt aber
auch, dass Beispiele, die von diesen abstrahieren, ein ver-
fälschtes Bild davon geben, wann Zustimmung gültig ist
und wann nicht. Man kann demzufolge feststellen, dass
die philosophische Debatte um sexuelle Zustimmung
mit ihrem Fokus auf abstrakten Beispielen und Ana-
logien zu Verträgen nicht nur problematisch ist, sondern
das Phänomen sexueller Zustimmung missversteht.
Schließlich, so schreibt Quill Kukla, benutzen wir unsere
Sprache, um auszudrücken, ob wir und was für Sex wir
haben wollen, welche sexuellen Aktivitäten dazugehören
sollen, was wir gut und was wir schlecht finden, was uns
befriedigt und was nicht, wo unsere Grenzen liegen und
wann wir aufhören wollen. Wir benutzen Sprache, um
zu flirten und jemanden abzuwehren, um Interesse oder
Ablehnung zu zeigen, um uns zu vergewissern, dass es
der anderen Person gut geht, und um beim anderen
Interesse zu wecken. In der philosophischen Debatte wird
jedoch nur eine Möglichkeit der Sprache diskutiert: Wie

wir zustimmen oder ablehnen (Kukla 2018). Es versteht sich von selbst, dass dies ein sehr verkürztes Verständnis sexueller Sprache ist. Zustimmung – auch autonome, gültige, unproblematische Zustimmung – kann nie ausreichend sein, um Sex wirklich gut zu machen; schließlich können wir allen möglichen Formen von schlechtem Sex sowie entfremdendem Sex oder erniedrigendem Sex zustimmen. Die Diskussion über Zustimmung, die im Fokus der philosophischen Debatte steht, hat nicht nur verzerrt, worum es bei sexueller Kommunikation geht, sondern unser Bild von eben dieser Kommunikation radikal eingeschränkt. Aber nicht nur das. Die Diskussion hat zusätzlich bewirkt, dass Zustimmung selbst falsch verstanden wird, nämlich als eine einzige Handlung – ein banales Aussprechen oder Aufzeigen von „Ja" oder „Nein" – statt als Prozess zwischen mehreren Personen.

In der rechtlichen und philosophischen Debatte wird die Zustimmung nahezu ausschließlich auf diese Weise gesehen: Eine Person fragt aktiv nach Sex und die andere Person stimmt passiv zu, dass Sex passieren darf. Dies ist erstens abstrakt, da die Personen vollkommen austauschbar sind und unabhängig vom sozialen Kontext betrachtet werden, und zweitens, beschränkt es Sprache auf Einwilligung oder Ablehnung. Zustimmung bedeutet hier also, jemand anderem zu erlauben, etwas mit uns zu tun. Zustimmung hat somit normative Signifikanz, weil wir damit anderen das Recht geben, unsere intimen Grenzen zu übertreten. Die feministische Debatte um Zustimmung hat diese Theorien um den sozialen Kontext erweitert. Das abstrakte Bild lässt sich vor dem Hintergrund von Geschlechterungleichheit folgendermaßen übersetzen: Der Mann nimmt die Position des aktiv Fragenden ein, die Frau stimmt zu oder lehnt ab (Anderson 2005). Er macht, sie lässt mit sich machen. Und dies ist auch dann noch der Fall, wenn wir uns dem „Ja heißt Ja"-Modell zuwenden;

die verbale und affirmative Zustimmung der Frau erlaubt dem Mann, etwas zu tun. Diese Debatte fokussiert stark auf die Möglichkeit, dass Zustimmung und Ablehnung von Frauen schiefgehen kann. Das typische Szenario sieht dann folgendermaßen aus: Männer wollen Sex, Frauen wollen Sex ablehnen, aber ihre Ablehnung funktioniert aus diversen Gründen – aufgrund von patriarchalen Verhältnisse, sexistischen Überzeugungen, oder Pornographie – nicht. Das heißt, das „Nein" einer Frau wird nicht als Ablehnung aufgefasst (Langton 1993).

Aber auch wenn der soziale Kontext mitgedacht wird, ist dieses Bild immer noch nicht ausreichend für eine detaillierte Bewertung von gültiger Zustimmung. Erstens kommt hierbei die sexuelle Handlungsfähigkeit beider Personen zu kurz. Zwar wird der Kontext von Geschlechterungleichheit mitgedacht, nicht aber die tatsächliche Handlungsfähigkeit, die Individuen innerhalb dieses Kontextes haben (können). Zweitens werden alle Äußerungen von Bedürfnissen auf Anfragen oder Aufforderungen reduziert. Zustimmung ist keine Konversation zwischen zwei Personen, sondern ein Frage-und-Antwort-Spiel. Aber sexuelle Kommunikation könnte so viel mehr sein als nur einfach die Frage nach Sex!

Take Home Message

Die rechtliche und philosophische Debatte verkürzt Zustimmung, da diese erstens abstrakt dargestellt wird – die hypothetischen Personen in den Beispielen sind austauschbar –, zweitens unabhängig vom sozialen Kontext betrachtet wird und indem drittens Sprache auf Handlungen der Einwilligung oder Ablehnung beschränkt wird.

5

Sexuelle Kommunikation

*„Wir müssen uns eine Welt vorstellen, in der jede Frau das
vorsitzende Genie ihres eigenen Körpers ist. "*

Adrienne Rich, *Of Woman Born*

5.1 Wie viel Kommunikation ist zu viel Kommunikation?

Wir haben gesehen, dass wir sexuelle Kommunikation
nicht auf Ablehnung oder Einwilligung zum Sex reduzieren
sollten. Allerdings habe ich oben auch schon kurz
angemerkt, dass man die Befürchtung haben könnten, zu
viel Kommunikation mache die Romantik oder Erotik
der sexuellen Handlung kaputt. Wir bewegen uns hier auf
einem schmalen Grad: Zum einen wollen wir sicherstellen,
dass alle beteiligten Personen auch wirklich zustimmen

© Der/die Autor(en), exklusiv lizenziert durch Springer-Verlag
GmbH, DE, ein Teil von Springer Nature 2021
H. C. Hänel, *Sex und Moral – passt das
zusammen?*, #philosophieorientiert,
https://doi.org/10.1007/978-3-476-05776-1_5

können – trotz bestehender sozialer Ungleichheiten –, zum anderen wollen wir natürlich guten Sex haben und diesen nicht durch Worte ‚zerstören'. Ein Beispiel ist hier hilfreich: 1991 hat das Antioch College in Ohio als Ergebnis einer von Frauen initiierten Kampagne ein Regelwerk zur Verhinderung von Sexualstraftaten auf dem Campus eingeführt. Die Idee war: Alle beteiligten Personen müssen für jede sexuelle Aktivität eine positive Zustimmung geben. Positive Zustimmung ist dabei definiert als willige und verbal artikulierte Übereinstimmung mit der sexuellen Aktivität (Soble 2002). Die ersten vier Regeln lauten folgendermaßen:

1. Die Person, die die sexuelle Handlung initiiert, ist dafür verantwortlich, verbal nach positiver Zustimmung der anderen Personen zu fragen.
2. Die Person, mit der die sexuelle Handlung initiiert wird, muss verbal ihre positive Zustimmung zum Ausdruck bringen oder verbal Ablehnung signalisieren.
3. Jedes neue Level der sexuellen Handlung erfordert positive Zustimmung.
4. Die Benutzung zuvor ausgemachter Kommunikationsformen wie Gesten oder Safe Words ist erlaubt, bedarf aber einer zuvor stattfindenden Diskussion und muss von allen Personen verbal akzeptiert werden, bevor die sexuelle Handlung beginnt.

Obwohl diese Regeln zwar der grundsätzlichen Idee von Zustimmung verhaftet bleiben – und damit dem Modell, bei dem eine Person Sex initiiert, während eine andere der Handlung „nur" zustimmt –, berücksichtigen sie, dass sexuelle Handlungen sich verändern können und aus unterschiedlichen Ebenen bestehen. Das bedeutet, jede neue sexuelle Handlung braucht erneute Zustimmung und erhöht somit die Kommunikation während der sexuellen Aktivität. Bevor wir aber etwas dazu sagen können, ob dieses Modell zu viel Kommunikation beinhaltet oder nicht, müssen wir zunächst klären, wie viel eigentlich kommuniziert werden *soll*. Wie also lautet die Regel, nach der jedes neue Level einer sexuellen Handlung positive Zustimmung erfordert? Was sind die einzelnen Level einer sexuellen Handlung und welche Veränderung der sexuellen Handlung erfordert erneute Zustimmung? Natürlich ist Petting ein anderes Level als Küssen und sexuelle Penetration ein anderes Level als Petting, aber was ist mit den diversen Stufen und Details zwischen diesen grob einteilenden Kategorien? Ist die Berührung des Oberschenkels ein anderes Level als die Berührung der Rippenbögen? Das Küssen auf den Mund etwas anderes als das Küssen des Nackens? Bedarf jede neue sexuelle Stellung auch neuer positiver Zustimmung oder gilt das nur für bestimmte sexuelle Stellungen? Und wenn ja, für welche? Diese Fragen sind angesichts der Vielfalt und Unbestimmbarkeit von Sex nur schwer zu beantworten. Natürlich kann es nicht schaden, wenn wir uns regelmäßig versichern, dass es den anderen beteiligten Personen auch noch gut geht – aber bedarf es dafür der Zustimmung oder vielleicht etwas ganz anderem? Das Problem der Antioch-Regeln scheint darin zu liegen, dass Zustimmung weiterhin von einer aktiv fragenden Person und einer passiv zustimmenden Person ausgeht. Aber sexuelle Handlungen werden nicht durchgängig von einer Person initiiert, sondern erfordern die aktive Interaktion von mindestens zwei Personen.

Dies gibt Anlass zu der folgenden Überlegung: Die Befürchtung, dass wir den Sex mit zu viel Kommunikation zerstören könnten, ergibt sich vor allem, wenn wir sexuelle Kommunikation ausschließlich im Sinne von Zustimmung betrachten. Tatsächlich scheint es gerechtfertigt, davon auszugehen, dass konstantes Fragen nach

Zustimmung der sexuellen Handlung die Intimität nehmen könnte. Willst du das? Ist das jetzt auch noch ok? Darf ich hier anfassen? Oder hier? Hier ist einfach das zugrundeliegende Bild falsch, denn es geht davon aus, dass eine Person konstant nach Zustimmung fragt, während die andere Person annimmt und ablehnt. Ja. Nein. So ja. Da lieber nicht. Aber vielleicht hier. Sexuelle Handlungen, zumindest solche, die von allen Beteiligten gewünscht sind, erfordern aber die aktive Interaktion und lassen sich nur schlecht in das Schema einer fragenden und einer antwortenden Person packen. Sexuelle Kommunikation muss also nicht bedeuten, dass wir konstant nach Zustimmung fragen – so wie die Antioch-Regeln es nahelegen –, sondern bedeutet vielmehr, dass wir Sprache benutzen, um unsere Wünsche, Bedürfnisse und Grenzen zu zeigen und der anderen Person, die Möglichkeit geben, dies auch zu tun. Und tatsächlich ist diese Überlegung gar nicht so weit hergeholt – die meisten Personen kommunizieren über und während ihrer sexuellen Handlungen in vielfältiger Weise. Das bedeutet aber auch, dass wir das Zustimmungsmodell hinter uns lassen und stattdessen darüber nachdenken sollten, wie sexuelle Kommunikation abseits von Zustimmung aussehen kann.

5.2   Sex als Einladung

Sexuelle Kommunikation beschränkt sich normalerweise nicht auf ein schlichtes „Ja" oder „Nein". Schließlich benutzen wir Worte, um uns gegenseitig anzutörnen, nach unserem gegenseitigen Wohlbefinden zu fragen, sexuelle Fantasien zu artikulieren, Wünsche auszudrücken und vieles mehr. Die Philosophin Quill Kukla schlägt aus diesen und anderen Gründen vor, dass wir über Sex – vor allem moralisch guten – nicht als Aufforderung

oder Anfrage nachdenken sollten, sondern vielmehr als
Einladung (Kukla 2018). Einladungen sind komplexe
Sprechakte, die uns weder verpflichten noch mit einer
vollkommen neutralen Wahl zurücklassen. Wie auch
Derrida schon schrieb:

> „Eine Einladung lässt uns frei, andernfalls wäre es ein
> Zwang. Eine Einladung sollte niemals implizieren, dass
> wir gezwungen sind zu kommen oder dass es notwendig
> ist, dass wir kommen. Aber eine Einladung muss dringlich
> sein und nicht gleichgültig. Es sollte niemals implizieren,
> dass wir völlig frei sind, nicht zu kommen und dass es
> keinen Unterschied macht, ob wir kommen oder nicht."
> (Derrida 1995, S. 14, Übers. H.C.H.)

Wir können jederzeit entscheiden, eine Einladung abzulehnen, ohne dass die andere Person übermäßig gekränkt
sein darf, aber eine Einladung impliziert, dass die andere
Person uns wirklich gerne bei sich hätte und zu Recht
traurig ist, wenn wir nicht kommen. Wenn wir die Einladung annehmen, dann sind beide – einladende und eingeladene Person – in einem Zustand von Dankbarkeit;
ich bedanke mich für die Einladung und du bedankst
dich dafür, dass ich die Einladung angenommen habe.
Natürlich sind wir nicht völlig frei, Einladungen auszusprechen; wir können niemanden zu einer Party einladen, die wir selbst nicht veranstalten, und als Lehrer*in
oder Professor*in kann man seine Schüler*innen und
Studierenden nicht zu einer Party mit viel Alkohol oder
Drogen einladen, auch wenn diese die Möglichkeit hätten,
die Einladung abzulehnen.

Die Idee ist: Das Initiieren von Sex hat meistens
die Form einer Einladung (Kukla 2018). Einladungen
eröffnen die Möglichkeit zu Sex – und nicht nur als
hypothetische und neutrale Möglichkeit: Jemanden zum

Sex einzuladen heißt auch zu zeigen, dass man wirklich gerne Sex mit der anderen Person hätte. Und wenn eine Einladung zum Sex angenommen wird, dann sind beide Personen dankbar. Einladungen können aber abgelehnt werden, ohne dass die einladende Person das Recht hat, verletzt oder verstimmt zu sein – natürlich darf sie enttäuscht sein. Einladungen zum Sex müssen sich – wie auch alle anderen Formen von Einladungen – an bestimmte Regeln halten; ich kann nicht einfach jeden in jeder Situation zum Sex einladen, so wie ich auch zu keiner Party einladen kann, die ich nicht selbst veranstalte. Ich kann auch keine Personen zu meiner Party oder zum Sex einladen, die ich selbst überhaupt nicht kenne. Außerdem kann sich die eingeladene Person natürlich, auch wenn sie die Einladung angenommen hat, jederzeit anders entscheiden. Wenn ich auf deine Einladung hin zu deiner Party komme und mich dann langweile, kann ich auch einfach wieder gehen – nichts kann mich daran hindern. Was dann auch bedeuten würde: Wenn ich plötzlich doch keine Lust mehr auf Sex habe, dann kann ich auch wieder aufhören, Sex zu haben.

Einladungen – für den Fall, dass sie angenommen werden – rufen einen Zustand von Dankbarkeit bei beiden Parteien hervor. Aber sollten wir auch grundsätzlich dankbar sein für *jede* sexuelle Einladung? Es scheint zunächst auf der Hand zu liegen, dass Dankbarkeit nicht alleine deshalb angebracht ist, weil wir eine Einladung zum Sex erhalten. Dies kann zwei Gründe haben: Zum einen sind die meisten ,Einladungen' – und vor allem jene, für die man keine Dankbarkeit verspürt – unlautere Einladungen, also Einladungen, die sich eben nicht an die Regeln halten, wie zum Beispiel die Einladung von völlig Fremden. Natürlich könnte man hier einwenden, dass es auch andere Beispiele gibt, bei denen wir keine Dankbarkeit empfinden, die sich aber dennoch an die

Regeln halten. Wenn mich eine lange und sehr gute, aber ausschließlich platonische, Freundin überraschend zum Sex einlädt, verspüre ich nicht unbedingt Dankbarkeit. Allerdings sollte man hier genauer hinterfragen, warum keine Dankbarkeit verspürt wird. So ist es doch sehr wahrscheinlich, dass wir uns über unsere Freundin und ihre Einladung ärgern, weil wir zu Recht befürchten, dass sich mit dieser Einladung der Charakter der Freundschaft verändert. Angenommen, unsere Freundin ist nun aber gar nicht sauer, wenn wir die Einladung ablehnen, und unsere Freundschaft verändert sich durch die Einladung auch gar nicht, dann haben wir sehr wohl Anlass zur Dankbarkeit. Schließlich zeigt uns unsere Freundin damit, wie gern sie uns hat.

Der zweite Grund, warum wir denken könnten, dass Dankbarkeit nicht angebracht ist, ist dieser: Dankbarkeit, gerade die von Frauen, ist häufig eine heikle Angelegenheit. Dankbarkeit kann in einer sexistischen Gesellschaft wie der unseren schnell umgedeutet werden, als wäre Dankbarkeit nicht einfach nur Dankbarkeit, sondern bereits die Annahme der Einladung. Aber im Kontext einer ernst gemeinten Einladung, die sich an die Regeln hält, würden wir wahrscheinlich tatsächlich Dankbarkeit für eine Einladung zum Sex empfinden – schließlich zeugt diese Einladung davon, dass der einladenden Person der Sex mit uns etwas bedeuten würde.

Dankbarkeit ist also tatsächlich eine angebrachte Reaktion auf Einladungen zum Sex, die sich an die Regeln halten – auch wenn man die Einladung ablehnt. Nun könnte man aber einwenden, dass Einladungen eine Handlungsmöglichkeit offerieren, die nicht einfach grundlos zurückgewiesen werden darf, wenn die Einladung regelgerecht erfolgt. Dies würde uns allerdings unter einen unangenehmen Druck setzen, dem aufgrund der Sozialisierung vielleicht gerade Frauen Probleme hätten, sich zu widersetzen. Anders gefragt: Wenn wir das Initiieren von Sex als Einladung verstehen, haben wir dann nicht weniger Möglichkeiten abzulehnen als bei einer simplen Anfrage zu Sex? Stellen wir uns wieder das oben genannte Beispiel vor: Meine gute, platonische Freundin Mia lädt mich unerwarteterweise zum Sex ein. Und weiter angenommen, ich habe eine klassische Sozialisierung als Frau erhalten; es ist mir zuwider andere Personen zu enttäuschen und ich gehe Konflikten lieber aus dem Weg. Setzt mich Mias Einladung nun so stark unter Druck, dass meine Handlungsmöglichkeiten dadurch eingeschränkt sind? Ja. Aber nur, wenn ich davon ausgehen muss, dass Mia sauer ist, wenn ich ihre Einladung nicht annehme. Erfolgt die Einladung aber regelgerecht – und hier liegt der Trick –, darf Mia zwar enttäuscht sein, aber eben nicht sauer. Nun könnte man aber argumentieren, dass meine Sozialisation so stark ist, dass ich es schon nicht ertragen könnte, Mia enttäuscht zu sehen. Und tatsächlich scheint das ein realistisches Szenario zu sein: Nehmen wir mal an, Mia lädt mich zu ihrem 40. Geburtstag ein. Die Ablehnung – auch wenn ich es wirklich unter keinen Umständen schaffen kann, weil ich mit hohem Fieber im Bett liege – wird mir schwerfallen, weil ich Mia nicht enttäuschen möchte. Würde ich nicht mit Fieber im Bett liegen, würde ich vielleicht aus Pflichtbewusstsein zu der Party gehen, auch wenn ich gar keine Lust habe. Es ist also tatsächlich gar nicht so weit hergeholt, anzunehmen, dass ich auch aus Pflichtbewusstsein mit Mia Sex haben würde, obwohl ich keine Lust dazu habe. Andererseits – und das scheint hier der entscheidende Faktor – kann ich zu Recht annehmen, dass Mias Enttäuschung davon abhängt, warum ich ablehne. Wenn ich mit Fieber im Bett liege, wird Mia weniger enttäuscht über meine Ablehnung sein – auch wenn sie natürlich weiterhin enttäuscht sein wird, dass ich nicht mit ihr feiern kann – als wenn ich ablehne, weil ich lieber den Tatort im Fernsehen schauen möchte. Und so auch bei meiner Ablehnung auf die Einladung nach Sex. Wenn ich Mia erkläre, dass ich sie auch gerne mag, aber Angst habe, dass Sex unsere Freundschaft verändern oder sogar zerstören würde, ist Mia wahrscheinlich weniger enttäuscht als wenn ich ihr sage, dass ich gerade lieber eine Tierdoku im Fernsehen sehen würde. So gesehen macht Mias Einladung tatsächlich Handlungsmöglichkeiten auf statt diese zu verschließen, denn sie gibt mir die Möglichkeit zu kommunizieren, warum ich die Einladung nicht annehmen kann oder möchte.

Das Initiieren von Sex impliziert also nicht automatisch die Form einer Anfrage oder Aufforderung, sondern könnte auch als Einladung verstanden werden. Einladungen geben dabei allen beteiligten Personen mehr Möglichkeiten, ihre sexuelle Handlungsfähigkeit auszuschöpfen. Außerdem implizieren Einladungen, dass Sex – wenn die Einladung nicht unlauter ist – etwas Schönes ist und dass wir aktiv daran teilnehmen; egal, ob wir die Einladung dazu annehmen oder ablehnen. Zustimmung dagegen fokussiert darauf, dass wir ,erlauben‘, dass etwas mit uns geschieht. Dennoch hat eine Einladung ein mit Zustimmung gemeinsames Problem: Obwohl Einladungen besser verdeutlichen können, wie Sex initiiert werden sollte, stellt sich auch hier die Frage, ob sie auch die Möglichkeit bieten, den einmal initiierten Sex vorzeitig zu beenden. Wir können zwar eine Party vorzeitig verlassen, und es gibt nicht viel, was der*die Gastgeber*in tun kann, um uns davon abzuhalten, aber wie ,verlassen‘ wir eine einmal begonnene sexuelle Handlung? Fallen wir wieder auf das „Nein heißt Nein“-Modell zurück? Sex können wir vorzeitig beenden, indem wir mittendrin unsere Ablehnung, unser „Nein“, äußern. Aber wie schon angesprochen, klappt das nicht immer. Manchmal wird unser „Nein" nicht als Ablehnung gelesen, manchmal schaffen wir es einfach nicht, überhaupt „Nein" zu sagen, auch wenn der Sex mittlerweile nicht mehr willkommen ist. Auf dieses Problem gehe ich im nächsten Kapitel genauer ein; interessanterweise hat die BDSM-Community (Bondage & Discipline, Dominance & Submission, Sadism & Masochism) schon längst eine Lösung gefunden, der aber immer noch viel zu wenig Bedeutung für die generelle Diskussion über sexuelle Aktivitäten beigemessen wird.

5.3 Sexuelle Kommunikation als Werkzeug zur Handlungsfähigkeit

Zunächst scheint es unmöglich zu sein, gültige Zustimmung mit Geschlechterungleichheiten in ihrer ganzen Komplexität zu vereinbaren. Die Idee ist einfach: Wenn Frauen (oder andere soziale Gruppen) weniger Macht und weniger Möglichkeiten haben – im Klartext also unterdrückt sind –, dann ist es zumindest fragwürdig, ob sie unter diesen Bedingungen überhaupt autonom genug sind, gültige Zustimmung zu heterosexuellem Sex zu geben. Ein analoger Fall liegt auf der Hand: Karl Marx' Kritik am Arbeitsvertrag. Hiernach ist ein Vertrag nicht legitimiert, solange nicht alle beteiligten Personen tatsächlich frei in den Vertrag einwilligen. Aber Freiwilligkeit im Kontext von Ungleichheit ist nicht unproblematisch. So sind Arbeiter im Kapitalismus daran gebunden, anderen ihre Arbeitskraft zu verkaufen, um zu überleben, und können daher nicht auf gleicher Ebene wie die Inhaber der Produktionsmittel, sprich die Arbeitgeber, in den Arbeitsvertrag einwilligen. Für unseren Fall der Unterdrückung von Frauen heißt das, Frauen können nicht auf gleicher Ebene wie Männer einen Zustimmungsvertrag zu heterosexuellem Sex eingehen, solange sie von diesen unterdrückt werden (Pateman 1980). Vertragstheorien müssen aber, um valide zu sein, annehmen, dass alle beteiligten Person frei in den Vertrag eintreten. Davon auszugehen, dass ein Vertrag im Kontext von Ungleichheit trotzdem Gültigkeit haben kann, legitimiert also die ungleiche Machtbeziehung zwischen Frauen und Männern und trägt dazu bei, dass eine solche Ungleichheit als natürlich (und damit unveränderlich) betrachtet wird (MacKinnon 1987, 1989). Auch wenn die Unterdrückung von Frauen natürlich einem historischen Wandel unterliegt und heutige Gesellschaften weniger stark patriarchal strukturiert sind, so gilt dennoch, dass Frauen in einer sexistischen Gesellschaft immer noch strukturell unterdrückt sind.

Diese Kritik zeigt wichtige strukturelle Einsichten, die eine Theorie von Handlungsfähigkeit zumindest im sexuellen Kontext nicht ignorieren darf: Erstens kann das Ideal von Zustimmung die Handlungsfähigkeit von Personen nicht aufrechterhalten, solange soziale, politische und symbolische Bedingungen innerhalb der Gesellschaft die Ablehnung von Sex für Frauen gefährlich oder sogar unmöglich machen. Solange also die Entscheidung, Sex abzulehnen, nicht ein realer Teil der Entscheidungsoptionen von Frauen ist, solange verliert Zustimmung die Bedeutung, die sie eigentlich haben sollte. Und wie ich oben diskutiert habe, zeigt sich die Einschränkung in Bezug auf Entscheidungen ganz deutlich durch materielle und finanzielle, soziale und kulturelle Bedingungen. Zweitens verändert sich aufgrund der vorhandenen Geschlechterungleichheit die subjektive Grundlage von Frauen, um Handlungsfähigkeit überhaupt zu erlangen. Unterdrückende soziale Gegebenheiten in der Gesellschaft haben nicht nur eine Auswirkung darauf, was für Entscheidungen wir treffen können und welche Möglichkeiten wir haben, sondern auch darauf, wer wir eigentlich sind. Das heißt, unsere sexuellen Bedürfnisse und Interessen spiegeln unsere spezifischen und oftmals tradierten Rollen innerhalb der Geschlechterbeziehungen wider – sowohl von Frauen als auch von Männern (Rich 2003). Wen oder was wir begehren, ist auf keinen Fall frei von gesellschaftlichen (und oftmals ideologischen) Einflüssen. Frauen haben es so gesehen doppelt schwer, unwillkommenen Sex abzulehnen – zum einen aufgrund der gesellschaftlichen Bedingungen, zum anderen weil ihre eigene Sozialisation es ihnen erschwert.

Allerdings darf der Fokus auf sozialen Ungleichheiten nicht dazu führen, dass wir den Unterschied zwischen Sex mit Zustimmung und Sex ohne Zustimmung übersehen. Denn auch, wenn Zustimmung nach gegenwärtigen Modellen es nicht vermag, uns Handlungsfähigkeit zurückzugeben, die uns durch die sozialen und ungleichen Strukturen genommen wurde, bedeutet das nicht, dass Zustimmung nicht trotzdem Relevanz hat. Denn die wichtige Lektion hieraus ist: Wir alle sind auf unterschiedliche Art und Weise von sexueller Unterdrückung betroffen, je nachdem, welche soziale Position wir im gesellschaftlichen Gefüge innehaben. Das impliziert aber auch, dass wir unterschiedliche Möglichkeiten haben, uns dieser Unterdrückung zu entziehen, eigene Handlungsfähigkeit zu entwickeln und Widerstand zu leisten (Butler 1991; Fraser 1993). Ein Fokus auf kontextunabhängige Zustimmung unter ungleichen Voraussetzungen ist nicht nur problematisch aus einer moralischen Perspektive – eben weil es die Ungleichheit im Hintergrund verschleiert und somit kein gültiges moralisches Kriterium sein kann –, sondern auch aus einer erkenntnistheoretischen Perspektive. Der Fokus auf Zustimmung macht es sowohl Frauen als auch Männern – und natürlich allen, die sich nicht in die binären Geschlechterkategorien einordnen lassen (wollen) – schwerer, ihre eigenen Erfahrungen zu interpretieren und zu artikulieren und Möglichkeiten des Widerstands überhaupt erst zu entdecken (Hänel 2020). Das etwas schwerer ist, bedeutet aber noch nicht, dass es unmöglich ist.

Auch unter den problematischen Voraussetzungen, die die sozialen Ungleichheiten uns bringen, können wir sexuelle Handlungsfähigkeit entwickeln. Allerdings ist Handlungsfähigkeit hier eine Frage des Grades und Prozesses und nicht statisch entweder gegeben oder nicht. Wir müssen also einen Weg finden, wie sich Handlungsfähigkeit zumindest im sexuellen Bereich trotz ungleicher Machtverteilungen und Unterdrückung realisieren lässt.

Die Diskussion hat uns also folgende Einsichten für eine Theorie von Handlungsfähigkeit in der Sexualethik geliefert: Erstens muss Handlungsfähigkeit als gradueller Prozess gedacht werden, und zweitens ist Handlungsfähigkeit vor dem Hintergrund sozialer Ungleichheit zu denken. Für das gegenwärtige Projekt können wir zunächst sehr generell annehmen, dass eine Person dann Handlungsfähigkeit besitzt, wenn sie auf eine Art und Weise handelt, die durch ihre eigenen Werte, Wünsche, Bedürfnisse und Zwecke geleitet ist, sowohl kurz- als auch langfristig. Handlungsfähigkeit bedarf also erstens positiver Möglichkeiten, überhaupt zu handeln, und zweitens dürfen diese Handlungen nicht durch die Ziele oder Bedürfnisse von anderen determiniert sein. Ich spreche an dieser Stelle von Determination – wenn unsere Ziele und Bedürfnisse also vollständig unter der Kontrolle einer anderen Person sind – und nicht von Beeinflussung; schließlich kann es natürlich mein Bedürfnis sein, dass ich meine sexuelle Befriedigung hinter die Befriedigung einer anderen Person stelle, mein Bedürfnis also zu einem gewissen Grad vom Bedürfnis einer anderen Person beeinflusst ist. Handlungsfähigkeit ist also nur dann gegeben,

wenn man sich mit seinen eigenen Zielen und Bedürfnissen identifizieren kann und sie zu eigenen machen
kann. Hier kann zwischen Wünschen erster und zweiter
Ordnung unterschieden werden: Mein schlichter Wunsch
nach einer bestimmten sexuellen Handlung mit einer
bestimmten Person ist ein Wunsch erster Ordnung. Als
Mensch bin ich aber zudem in der Lage, mich auf meine
Wünsche erster Ordnung zu beziehen. So kann ich über
den Wunsch nach einer bestimmten sexuellen Handlung mit einer bestimmten Person nachdenken und ich
kann mir sogar wünschen, diesen Wunsch nicht zu haben.
Das sind Wünsche zweiter Ordnung (Frankfurt 1971).
Im besten Falle von Handlungsfähigkeit stimmen unsere
Wünsche zweiter Ordnung mit den Wünschen erster
Ordnung überein. Bei ideologischen und sexistischen
Bedürfnissen, verspüre ich vielleicht das Bedürfnis nach
sexueller Objektifizierung, wünsche mir aber auch, dieses
Bedürfnis nicht zu haben. Wenn ich mein Bedürfnis nach
sexueller Objektifizierung trotzdem auslebe, obwohl ich
den Wunsch verspüre, dies nicht zu tun, dann stimmen
meine Wünsche zweiter und erster Ordnung nicht überein.
Das bedeutet, dass wir auch unter ideologischen Hinter-
grundbedingungen – wie sexistischen oder patriarchalen
Zuständen – immer noch Handlungsfähigkeit haben
können, solange unsere Handlungen unsere Ziele und
Bedürfnisse widerspiegeln (Oshana 2005).

Allerdings ist Handlungsfähigkeit nie vollständig
gegeben, da sie sowohl verletzlich als auch kontextabhängig ist. Das heißt, sie ist nicht einfach vorhanden
oder nicht vorhanden, sondern muss vielmehr graduell
gedacht werden. Sexuelle Aktivitäten sowie sexuelle
Partner*innen, aber auch materielle, institutionelle und
andere soziale Kontexte, können unsere Handlungsfähigkeit (weiter) einschränken oder aber verstärken.
Und obwohl sexuelle Partner*innen natürlich keinen

direkten Einfluss auf die sozialen Strukturen haben, die unsere Handlungsfähigkeit einschränken – oder in bestimmten Kontexten vollkommen verhindern –, können sie dennoch unsere Handlungsfähigkeit erhöhen. Das bedeutet erstens, dass wir als sexuell handelnde Personen eine gewisse Verantwortung für die Handlungsfähigkeit unseres Gegenübers haben, und zweitens, dass wir für sexuelle Handlungen keine komplette Handlungsfähigkeit brauchen – ein gewisses Maß an Handlungsfähigkeit scheint ausreichend, um moralisch unproblematischen und sogar guten Sex zu haben. Wir müssen uns also fragen, auf welche Weise wir über sexuelle Kommunikation nachdenken müssen, um die existierenden Geschlechterungleichheiten durch Handlungsfähigkeit korrigieren zu können.

Take Home Message

Zustimmung als sexuelle Kommunikation vermag die Bedingung der Handlungsfähigkeit zu erfüllen und somit sexuelle Handlungen zulässig zu machen, trotz sozialer Ungleichheit. Handlungsfähigkeit ist hier erstens als gradueller Prozess innerhalb einer sozialen Interaktion zu verstehen und zweitens vor dem Hintergrund sozialer Ungleichheit zu betrachten.

6

...und guter Sex?

> „Kommunikation und Verhandlung sind ein wesentlicher
> Bestandteil der Mehrheit von Kink und BDSM Praktiken."
>
> Shanna K. Kattari, Getting It

6.1 Was wir von BDSM-Praktiken lernen können

Wie wir oben gesehen haben, ignoriert die verengte Auffassung von sexueller Sprache – einzig als Zustimmung oder
Ablehnung –, dass wir unsere sexuelle Handlungsfähigkeit durch sexuelle Absprachen vergrößern und verkleinern
können. Es ist aber nicht nur wichtig, sexuelle Handlungsfähigkeit zu haben, um ausdrücken zu können, dass wir
etwas nicht wollen, sondern durch diese auch Zugang zu
lustvollem Sex und die Möglichkeit haben zu können,

© Der/die Autor(en), exklusiv lizenziert durch Springer-Verlag
GmbH, DE, ein Teil von Springer Nature 2021
H. C. Hänel, *Sex und Moral – passt das
zusammen?*, #philosophieorientiert,
https://doi.org/10.1007/978-3-476-05776-1_6

unsere sexuellen Begierden auszuleben und Erfahrungen zu sammeln (Kukla 2018). Die WHO (Weltgesundheitsorganisation) erkennt an, dass wir für ein gesundes Leben sexuelle Handlungsfähigkeit brauchen. Sexuelle Gesundheit beinhaltet demnach, lustvolle und sichere sexuelle Erfahrungen zu machen, frei von Zwängen, Diskriminierung und Gewalt. Das bedeutet auch, Sex ablehnen und unsere körperliche Integrität vor (sexuellen) Übergriffen, ungewollter Schwangerschaft und Krankheiten schützen zu können. Weiterhin gehört dazu die Möglichkeit, herauszufinden, welche Bedürfnisse wir haben und diese auszuleben, unsere Körper zu mögen und Aktivitäten und Beziehungen zu haben, die unser sexuelles und körperliches Wohlbefinden steigern.

Wir reden viel darüber, dass Sex misslungen sein kann, auf welche Weise wir verletzt oder ausgenutzt werden können und wie unsere sexuelle Sprache – sprich: Zustimmung – versagen kann. Wir sprechen aber wenig darüber, wie unsere sexuelle Kommunikation unser sexuelles Vergnügen erhöhen und unsere Handlungsfähigkeit und Autonomie verstärken kann. Wir weisen Teenager auf die Gefahren hin, die mit Sex verbunden sind und warum Vergewaltigung moralisch (und rechtlich) falsch ist, aber nicht, wie sie Sprache verwenden können, um sich auszuprobieren und sexuelle Autonomie zu erlangen. Meine These ist also: Sexuelle Kommunikation ist ein wichtiges Werkzeug, um unsere sexuelle Handlungsfähigkeit zu entwickeln und zu vergrößern und somit unsere sexuelle Lust und unser Wohlbefinden zu steigern. Sexuelle Kommunikation kann Sex nicht nur moralisch zulässig machen, sondern auch zu gutem Sex verhelfen.

Wir haben gesehen, ein einfaches „Ja" der Zustimmung oder ein „Nein" der Ablehnung sind nicht ausreichend, um sicherzustellen, dass der Sex tatsächlich gut ist. Mehr noch, es ist sogar fraglich, ob der Sex damit moralisch zulässig ist. Wie also kann Zustimmung als sexuelle Kommunikation aussehen? Eine naheliegende Möglichkeit ist, dass wir eine offene Kommunikation darüber anstreben sollten, was wir mit der anderen Person sexuell machen wollen. Dies ist auch der Ansatz des sogenannten Verhandlungsmodells, wobei Verhandlung hier im Sinne von Kommunikation und nicht im Sinne von Feilschen zu verstehen ist. Sexuelle Verhandlung kann man sich als offene Diskussion vorstellen, in dem die beteiligten Personen zu einer freien und autonomen Übereinkunft über die Handlung der Penetration kommen. Diese Diskussion muss so lange verbal stattfinden, wie die beteiligten Personen noch keinen Kontext etabliert haben, in dem sie zuverlässig das nicht-verbale Verhalten der anderen lesen können. Es ist anzunehmen, dass eine freie und autonome Übereinkunft, wie das Verhandlungsmodell sie vorschlägt, die Handlungsfähigkeit und Gleichheit der beteiligten Personen stärken kann. Es trägt dazu bei, dass wir einander mit Respekt und Menschlichkeit begegnen (Anderson 2005).

Obwohl dieses Modell in die richtige Richtung geht und zum Ziel hat, Handlungsfähigkeit zu stärken und Respekt zu fördern, verkennt es dennoch die Bandbreite sexueller Handlungen. Sex ist hier gleichgesetzt mit Penetration und wiederholt damit das problematische Muster der Zustimmungsdebatte, dass sexuelle Interaktion sich notwendigerweise zur Penetration steigern muss und wir nur bei Sex mit Penetration zu (moralischer) Schädigung kommen können. Wir haben aber ganz zu Anfang bereits gesehen: Sex ist so viel mehr! Sex beinhaltet sowohl körperliche als auch mentale Elemente und lässt sich nicht auf sexuelle Penetration eingrenzen – mit einer solchen Lesart würden wir der Diversität sexueller Bedürfnisse nicht gerecht werden und darüber hinaus ein fehlerhaftes Bild der Welt zeigen. Die sexuelle Kommunikation

muss also lange vor der Handlung der Penetration
erfolgen. Es ist schließlich ein entscheidender Bestandteil
unserer Handlungsfähigkeit, Sex bzw. sexuelle Penetration
nicht nur abzulehnen oder sich darauf zu einigen, sondern
unsere eigenen sexuellen Bedürfnisse und Wünsche zu
artikulieren und von einer anderen Person darin ernst
genommen zu werden.

Wie also muss Kommunikation gestaltet sein, damit
sie tatsächlich unsere Handlungsfähigkeit verstärkt?
In dieser Frage können wir einiges von der BDSM
Community lernen. BDSM steht im Englischen für
bondage, domination, sadism und *masochism* und beschreibt
sexuelle Praktiken mit der Intention, in beiderseitigem
Einverständnis Schmerz oder Unbehagen, Einschränkung
von Bewegung oder asymmetrische Machtspiele zu
produzieren. Es mag zunächst widersprüchlich erscheinen,
dass wir etwas über sexuelle Kommunikation, die unser
Sexleben sicherer macht, ausgerechnet von einer Gemeinschaft lernen sollen, in der es um sexuelle Schmerzen und
Macht geht. Wir sollten uns jedoch daran erinnern, dass
sexuelle Kommunikation nicht nur wichtig ist, damit
niemand zu Schaden kommt, sondern auch, damit wir
in unseren sexuellen Erfahrungen mehr Handlungsfähigkeit erlangen. Der Trick ist: Kommunikation in
BDSM-Kontexten reicht weit über Kommunikation
von Zustimmung zur Penetration hinaus, vor allem auch
weil im Gegensatz zu traditionelleren Sexpraktiken der
Standard alles andere als geklärt ist. Hier gibt es nicht
die eine sexuelle Handlung, an der sich alle Beteiligten
orientieren, sondern es muss immer wieder neu entschieden werden, was, mit wem und wie die beteiligten
Personen die sexuelle Aktivität gestalten wollen. Dies
ist insofern hilfreich, als ja gerade der Standard (sprich:
die sexuelle Penetration) dafür sorgt, dass die gegebenen
Machtverhältnisse und Ungleichheiten weiter reproduziert

werden und wir damit eben keine ernstzunehmende Auseinandersetzung über unsere eigenen Wünsche und Bedürfnisse haben. Überspitzt gesagt: Gerade für Frauen ist es aufgrund von sexuellen und gesellschaftlichen Normen oftmals leichter, sexuell penetriert zu werden und einen Orgasmus vorzutäuschen als offen auszusprechen, was sie eigentlich gerne tun würden. In der BDSM (und auch in der polyamoren Gemeinschaft) ist Kommunikation über die unterschiedlichen Grenzen, Wünsche und Geschmäcker essentiell.

Damit sexuelle Kommunikation also tatsächlich unsere Handlungsfähigkeit vergrößert und zumindest potenziell einen Kontext schafft, in dem wir die gesellschaftlichen Ungleichheiten und Ungerechtigkeiten hinter uns lassen können, muss sexuelle Kommunikation eine offene Diskussion darüber sein, welche Bedürfnisse und Wünsche wir haben, was wir gerne erleben würden und wo unsere Grenzen sind. Wir müssen klären, was wir tun, wie wir es tun, mit wem wir es tun und was wir tun können, wenn es uns nicht mehr gut damit geht. Diese Kommunikation ist nicht nur wichtig, wenn wir körperlich und psychisch Grenzen überschreiten, sondern auch wenn wir ganz einfach *guten* traditionellen „Blümchensex" wollen, an dem alle beteiligten Personen Spaß haben. Aber, möchte man jetzt erneut einwenden, Diskussionen können eine sexuelle Handlung unterbrechen und somit – der Einwand ist uns mittlerweile bekannt – die Romantik oder Erotik des Augenblicks zerstören. Wenn wir Sex haben, dann wollen wir eben nicht über Sex diskutieren, sondern tatsächlich Sex haben. Eine Diskussion wie hier vorgeschlagen soll ja aber eben gerade nicht während der sexuellen Handlung erfolgen, sondern *bevor* diese beginnt. Im Gegensatz zu den Antioch-Regeln, bei denen Zustimmung für jeden neuen Schritt innerhalb der sexuellen Handlung erfragt werden muss, geht es bei sexueller Kommunikation im Sinne einer Diskussion darum, vor der Handlung zu klären, was man will und was eben nicht. Die sexuelle Handlung wird dann nur noch unterbrochen, wenn sich eine der beteiligten Personen nicht mehr wohlfühlt. Somit beeinträchtigt eine sexuelle Diskussion den Sex nicht, sondern kann sogar antörnend wirken; schließlich kann es meine Lust noch steigern, wenn ich meinem Gegenüber bei seinen oder ihren Fantasien zuhöre. Allerdings sind noch andere Fragen offen, die geklärt werden müssen, damit der aus der sexuellen Kommunikation folgende Sex auch wirklich moralisch guter und gelungener Sex ist: Erstens, welche Verantwortung haben wir für uns und die anderen Personen? Zweitens, wie können wir Sex trotz stattgefundener sexueller Kommunikation vorzeitig beenden? Und, drittens, was passiert, wenn wir noch gar nicht wissen, was wir wollen, und haben wir eigentlich ein Recht darauf, uns sexuell auszuprobieren?

6.2 Guter Sex: Eine Frage der Verantwortung

Welche Verantwortung haben wir für uns und andere Personen, wenn wir Sex haben? Wenn wir Verantwortung als normativen Begriff betrachten, dann geht es uns nicht um rechtliche Fragen nach Schuld, Unrecht oder Rechenschaft, sondern darum, welche Verpflichtungen wir für andere haben, inwieweit wir in Beziehungen der Fürsorge zu anderen stehen oder welche Anliegen und Erwartungen andere an uns richten können. Verantwortung ist hiernach also eine personelle Relation; wir haben Verantwortung *für jemanden* und nicht Verantwortung für eine Sache. Als Mutter habe ich Verantwortung für meinen Sohn. Als Dozentin habe ich Verantwortung für meine Studierenden. Natürlich ist die Fürsorgebeziehung mit

meinem Sohn größer und ich habe ihm gegenüber mehr
Verpflichtungen als meinen Studierenden gegenüber, aber
auch meine Studierenden können bestimmte Anliegen
und Erwartungen an mich richten und es liegt in meiner
Verantwortung, darauf einzugehen. Dies ist eine wichtige
philosophische Unterscheidung. So haben metaethische
Debatten der 1990er und 2000er Jahre Verantwortung
hauptsächlich als Verantwortung für eine Handlung im
Sinne von Zuschreibbarkeit oder Rechenschaftsschuldig-
keit ausgelegt, bei der die Akteure moralisch verantwortlich für ihre Handlungen als Mitglieder einer moralischen
Gemeinschaft sind. Hier geht es also primär darum,
dass wir verantwortlich für unsere Handlungen sind. Im
Gegensatz dazu, geht es bei Verantwortung als personeller
Relation darum, dass wir verantwortlich für andere
Personen sind. Im Folgenden steht dieser zweite Begriff im
Zentrum meiner Überlegungen. Es geht also nicht darum,
dass wir Verantwortung dafür haben, keine Handlungen
sexueller Gewalt auszuüben, sondern darum, dass wir Verantwortung für unsere Sexualpartner*innen haben.

Verantwortung *für jemanden* fokussiert darauf, dass
intime und zwischenmenschliche Begegnungen einen
relationalen Charakter haben: Sie bestehen über einen
längeren Zeitraum, also sowohl vor als auch nach der
eigentlichen Handlung, und bringen somit Veränderung
in Form von Verpflichtungen gegenüber anderen Personen
mit sich; schließlich verändern sich sowohl Beziehungen
als auch Kontexte, in denen Beziehungen bestehen, im
Lauf der Zeit. Außerdem ist Verantwortung insofern
,persönlich', als unser Verhalten und unser Benehmen
andere Personen – und somit auch deren Subjektivität,
Identität, Erfahrung und Handlungsfähigkeit – beeinflusst. Moralisch falsches Verhalten lässt sich damit nicht
einfach nur als nicht legitim beschreiben, sondern zeugt
auch von einem Versagen in unserer Verantwortung für

andere Personen und bedingt dadurch bestimmte Verpflichtungen, wie das eigene Verhalten zu verändern oder der (moralisch) verletzten Person in ihrem Heilungsprozess zu helfen. Es reicht demnach nicht für unser moralisch falsches Verhalten, Reue zu tun, sondern wir haben die Verpflichtung uns mit der verletzten Person und ihrer Verletzung auseinander zu setzen. Wenn wir uns in den Prozess sexueller Kommunikation mit einer anderen Person begeben, so übernehmen wir Verantwortung nicht nur für uns selbst, sondern auch für die andere Person – wir respektieren sie als die spezifische Person, die sie ist und daraus entsteht eine Verpflichtung gegenüber dieser Person für die Zukunft.

Kehren wir also zu unserer Frage zurück: Können wir Sex auch nach der sexuellen Kommunikation noch vorzeitig beenden? Diese Frage bringt uns wieder zum Kernpunkt der Zustimmungsdebatte, schließlich ist es für unsere sexuelle Gesundheit und die Abwehr von (moralischem) Schaden essentiell, dass wir einmal initiierten Sex auch jederzeit wieder beenden können. Sexuelle Kommunikation, wie oben beschrieben, kann hier viel Vorarbeit leisten, geht es dabei doch auch um unsere Grenzen und das Aussprechen von Dingen, die uns Unwohlsein bereiten. Gleichwohl kann es natürlich passieren, dass wir uns plötzlich bei einer sexuellen Handlung nicht mehr wohlfühlen, auch wenn wir vorher dachten, dass wir sie mögen würden oder zumindest ausprobieren möchten. Damit wir Sex als etwas Schönes erleben können, muss also von vornherein klar sein, dass wir einmal begonnenen Sex auch wirklich jederzeit beenden können.

Ein fester Bestandteil von sexueller Kommunikation in der BDSM-Gemeinschaft ist die Vereinbarung von sogenannten Exit- oder Safe-Words. Exit-Wörter sind Wörter, die wir benutzen können, um eine sexuelle Handlung (vorzeitig) zu beenden. Das heißt, alle beteiligten Personen einigen sich, dass bei der Artikulation eines bestimmten Wortes jede sexuelle Handlung sofort abgebrochen wird. Hierbei muss es sich nicht notwendigerweise um das Wort „nein" handeln, beispielsweise könnten wir uns ein Rollenspiel-Szenario vorstellen, in dem das Wort „nein" Teil der Rolle ist und eben gerade nicht die sexuelle Handlung abbrechen soll. Sogenannte Safe-Wörter gehen einen Schritt weiter. Sie treffen eine Vereinbarung, die es erlaubt nachzufragen, ob es der anderen Person gut geht. So kann zum Beispiel „grün" signalisieren, dass alles ok ist, „gelb", dass die andere Person aufpassen oder langsamer vorgehen sollte, und „rot", dass die Handlung sofort beendet werden muss. Ob man als Safe-Wörter „grün", „gelb" und „rot" nimmt oder einfach „ok" und „vorsichtig" und „stop", sollte in der sexuellen Kommunikation zu Beginn geklärt werden. Wichtig ist alleine: Sexuelle Kommunikation muss auch eine Kommunikation sein, in der es darum geht, wie wir den Sex wieder beenden können – denn nur dann können wir uns wohlfühlen und Spaß haben beim Sex. Genau hier hat auch die Zustimmungsdebatte einen wesentlichen Punkt benannt.

Sexuelle Kommunikation ist davon geprägt, dass wir gegenüber einer verantwortlichen Person unsere Wünsche, Bedürfnisse und Grenzen artikulieren. Aber was passiert, wenn wir noch gar nicht wissen, was wir wollen? Das muss nicht bedeuten, dass wir bislang noch keine sexuellen Erfahrungen hatten. Aufgrund der patriarchalen und sexistischen Gesellschaftsstruktur findet sich aber für uns alle wenig Raum, in dem wir die eigenen Bedürfnisse ausprobieren können – ansonsten wäre auch diese Abhandlung gar nicht notwendig gewesen. Noch einmal: Um sexuelle Handlungsfähigkeit zu entwickeln, müssen wir sexuell kommunizieren. Und sexuelle Kommunikation gibt uns die Möglichkeit, Fragen zu stellen und Dinge vorzuschlagen, über die wir uns selbst vielleicht noch gar nicht ganz sicher sind. Guter Sex – also Sex, der auf sexueller Kommunikation aufbaut – gibt uns den Spielraum, uns selbst zu entdecken; deshalb ist es wichtig, dass sexuelle Kommunikation sowohl mit Exit-Wörtern als auch mit einem bestimmten normativen Verständnis von Verantwortung einhergeht, bei einer Begegnung auf Augenhöhe. Moralisch guter Sex ist dementsprechend Sex, der auf sexueller Kommunikation aufbaut und relationale Verantwortung übernimmt. Und hat somit das Potenzial, auch einfach ‚nur' guter Sex zu sein – Sex, bei dem wir unsere Bedürfnisse und Wünsche ausprobieren und befriedigen können.

Um unsere eigene sexuelle Handlungsfähigkeit vollständig zu entwickeln, müssen wir uns sexuell ausprobieren können, und dazu müssen wir – nicht immer, aber oft – in Interaktion mit anderen Personen treten. Daraus folgt nun als letzte ungeklärte Frage: Haben wir eigentlich ein Recht darauf, uns sexuell auszuprobieren? Haben wir also ein Recht auf Sex? Wir werden im letzten Abschnitt sehen, dass wir kein Recht auf Sex haben, die Frage aber eine viel komplexere Antwort erfordert, als zunächst zu erwarten ist.

Take Home Message

Zustimmung als Verstärkung von Handlungsfähigkeit braucht *sexuelle Kommunikation,* in der wir darüber reden, was wir wie mit wem machen wollen, welche Grenzen wir haben und wie wir eine begonnene Handlung wieder beenden können. Und Zustimmung als Verstärkung von Handlungsfähigkeit muss einen Kontext etablieren, in dem wir *relationale Verantwortung* für uns und die anderen Personen übernehmen; sprich, indem wir uns gegenseitig respektieren. Moralisch zulässiger Sex als Sex, der auf sexueller Kommunikation aufbaut und mit einem relationalen Verständnis von Verantwortung und Respekt untermauert ist, hat das Potenzial, auch einfach guter Sex zu sein; Sex, bei dem wir unsere eigenen Wünsche und Bedürfnisse entdecken und ausleben können.

6.3   Haben wir ein Recht auf Sex?

Um guten Sex zu haben, müssen wir wissen, was wir wollen, und um zu wissen, was wir wollen, müssen wir uns ausprobieren. Das erfordert meist (wenn auch nicht immer) sexuelle Interaktion mit anderen Menschen. In Kap. 4 haben wir aber gesehen, dass es keine moralischen Verpflichtungen gibt, Sex in ‚romantischen‘ Beziehungen zu haben. Das heißt, die, die uns nahestehen, sind nicht dazu verpflichtet, uns dabei zu unterstützen, dass wir uns sexuell ausprobieren können, wenn sie das nicht wollen. Jetzt könnte man natürlich sagen, dass es zwar keine sexuellen Verpflichtungen innerhalb von ‚romantischen‘ Beziehungen gibt, aber womöglich gibt es welche außerhalb von ‚romantischen‘ Beziehungen. Das würde voraussetzen, dass sexuelle Bedürfnisse und das Entdecken solcher Bedürfnisse elementare Bedürfnisse sind – also Bedürfnisse, bei denen es unser Recht ist, sie auszuleben. Die Frage, ob wir ein Recht auf Sex haben, kann auf zwei unterschiedliche Weisen interpretiert werden: Erstens, haben wir ein Recht darauf, Sex zu haben (auch wenn niemand mit uns Sex haben will)? Zweitens, haben wir ein Recht darauf, Sex zu haben, der vielleicht gesellschaftlich tabuisiert ist, wenn wir jemanden haben, der dieses sexuelle Erlebnis mit uns teilen möchte?

Die erste Frage scheint angesichts der oben geführten Argumentation absurd, schließlich haben wir gesehen, dass nach allen gegenwärtigen Zustimmungstheorien die Antwort offensichtlich ist: Um moralisch zulässigen Sex zu haben, brauchen wir Zustimmung, und Zustimmung können wir nicht erzwingen. Wenn es also niemanden gibt, der mit uns Sex haben will, dann können wir keinen Sex mit anderen haben. Also nein, wir haben kein Recht auf Sex. Die Frage ist aber trotzdem alles andere als absurd, denn es gibt eine Männerrechtsbewegung, die öffentlich dafür plädiert, dass Männer ein Recht auf Sex haben. Als *Incels* – aus den englischen Worten *Involuntary* (unfreiwillig) und *celibate* (Zölibat) – beschreiben sich heterosexuelle Männer, die unfreiwillig keinen Geschlechtsverkehr haben und an die Ideologie einer hegemonialen Männlichkeit glauben. Sie sind antifeministisch und häufig auch rassistisch und der Überzeugung, dass ihnen als ‚höhergestellten‘ Menschen Sex zusteht; in ihren Forenbeiträgen im Internet rufen sie daher zu Vergewaltigung auf und zur Rache an allen, die ihnen ihre ‚Rechte‘ nicht einräumen wollen. Es lohnt sich deswegen noch mal einen genaueren Blick auf den Kern der Zustimmungsdebatte zu werfen. Moralisch gesehen, dürfen wir keinen Sex mit jemandem haben, solange diese Person keinen Sex mit dir will. Denn, wie Rebecca Solnit analog bemerkt: Wir können auch nicht das Sandwich mit jemandem teilen, solange diese Person das Sandwich nicht mit uns teilen will (Solnit 2015).

Diese Analogie kann allerdings zu Recht in Frage gestellt werden. Stellen wir uns vor, unser Kind kommt aus der Grundschule nach Hause und erzählt uns, dass alle anderen Kinder ihre Sandwiches untereinander teilen, aber eben nicht mit ihr. Und stellen wir uns außerdem vor, dass unser Kind schwarz oder übergewichtig oder behindert ist oder kein Deutsch spricht und wir zu Recht annehmen, dass dies der Grund ist, warum niemand ein Sandwich mit unserem Kind teilen möchte. Unter diesen

Gesichtspunkten scheint es nicht mehr so einfach zu sagen, dass keines der anderen Kinder eine Verpflichtung hat, das Sandwich mit unserem Kind zu teilen. Aber: Sex ist kein Sandwich! Sex ist etwas zutiefst persönliches, das uns in unserer körperlichen Integrität verletzen kann. Während es vielleicht angebracht wäre, eine Regel an der Grundschule zu etablieren, dass Sandwiches gerecht unter allen geteilt werden müssen, wäre es sehr unangebracht, eine gesellschaftliche Regel zu etablieren, nach der wir Sex gerecht unter allen teilen müssten (Srinivasan 2018). Wir haben eben kein Recht auf Sex mit Personen, die keinen Sex mit uns wollen, und wir haben auch keine sexuelle Verpflichtung, nach der wir unseren Sex gerecht unter allen aufteilen müssen.

Es gibt kein Recht auf Sex *per se*. Aber es gibt ein Recht darauf, dass wir Sex mit Personen haben können, die Sex mit uns haben wollen – auch wenn der spezifische Sex, den wir vielleicht gemeinsam probieren oder ausleben wollen, von anderen tabuisiert wird. In einer Gesellschaft, in der zum Beispiel homosexueller Sex tabuisiert ist, habe ich trotzdem ein Recht darauf, homosexuellen Sex zu haben – solange andere auch mit mir homosexuellen Sex haben wollen und ihre Zustimmung dazu geben. Natürlich haben wir nicht auf alle Formen von Sex ein Recht, sondern eben nur auf solche, die wir mit Personen praktizieren können, die ihre Zustimmung (am besten in Form von sexueller Kommunikation) geben können. Wir haben zum Beispiel kein Recht auf Sex mit Kindern.

Natürlich gibt es auch Fälle, wo unsere Intuitionen nicht ganz so klar sind. Manche würden vielleicht dazu tendieren zu sagen, dass wir keinen Sex mit geistig behinderten Personen haben dürfen. Hierauf kann man allerdings nach der Theorie, die dieses Buch entwickelt hat, eine Antwort geben: Wir dürfen Sex mit geistig behinderten Personen haben, solange diese an einer sexuellen Kommunikation

– wie oben skizziert – teilnehmen können. Was ist aber mit einem Fall von inzestuösem Sex unter Geschwistern, bei dem durch sichere Verhütung ausgeschlossen ist, dass es Nachwuchs mit potenziell genetischen Erkrankungen gibt? Nach der hier skizzierten Theorie, sollte Sex unter Geschwistern moralisch unproblematisch sein, solange die Geschwister Zustimmung in Form von sexueller Kommunikation geben. Aber nicht alle teilen diese Intuition.

Aber auch ohne diese streitbaren Fälle sind die Dinge komplizierter als wir zunächst annehmen würden. Wir haben gesehen, dass wir in einer ungleichen Gesellschaft leben, in welcher einige Menschen mehr und andere weniger Möglichkeiten haben – nicht nur um ungewollten Sex abzulehnen, sondern auch bestimmte sexuelle Bedürfnisse auszuleben. Die Problematik des Rechts auf Sex findet sich nicht nur in *Incel*-Foren, sondern ganz praktisch auch in der Erfahrung vieler trans* Frauen oder behinderter Personen. Trans* Frauen werden oft von lesbischen cis-Frauen ausgeschlossen, und behinderte Personen werden nur selten überhaupt als potenzielle Sexpartner*innen angesehen. Wie gesagt, es gibt keine moralische Verpflichtung, dass wir Sex gleich verteilen müssen, wir müssen also auch nicht bestimmte sexuelle Bedürfnisse entwickeln, damit alle Personen gleichermaßen sexuell begehrt werden. Trotzdem verschleiert dies eine wichtige Einsicht: Unsere persönlichen (sexuellen) Präferenzen sind eben doch nicht nur persönlich!

Wir bewegen uns hier auf einem schmalen Grad zwischen dem Wissen, dass wir keine Verpflichtung zu sexuellen Handlungen mit anderen Personen haben, und der Tatsache, dass wen oder was wir begehren von gesellschaftlichen (und damit leider patriarchischen und sexistischen) Normen und Vorstellungen geprägt ist. Frauen entscheiden zwar autonom, wen oder was sie begehren – auch wenn dies eine Selbstobjektifizierung beinhaltet – unsere Interessen aber sind zumindest teilweise ideologische Interessen, die sich aufgrund unserer Sozialisation gebildet haben und somit vielleicht nicht immer unsere eigenen. Wen wir begehren und wen nicht ist eine politische Frage. Und es ist eine Frage, die wir uns im Zusammenhang mit sexueller Handlungsfähigkeit stellen müssen; bei sexueller Handlungsfähigkeit kann es nicht nur darum gehen, dass wir die Handlungsfähigkeit einiger weniger – sprich: weißer cis-Frauen – ausweiten, sondern dass wir die Handlungsfähigkeit aller ausweiten. Sexuelle Kommunikation muss also auch eine Selbstreflexion beinhalten, in der es nicht nur darum geht, unsere eigenen Bedürfnisse und unser eigenes Begehren zu entdecken und zu artikulieren, sondern auch darum, darüber nachzudenken, *warum* wir den, die oder das begehren. Unsere sexuellen Präferenzen sind nicht fixiert und unveränderbar, sondern gesellschaftlich geprägt und variabel; ebenso wie unsere Vorstellungen davon, wer überhaupt sexuelle Handlungsfähigkeit hat und haben sollte. Es gibt kein Recht auf Sex und auch keine Verpflichtung zu Sex, es wäre aber moralisch wünschenswert, dass wir uns damit auseinandersetzen, warum wir begehren, was und wen wir begehren – und dass wir uns gegenüber neuem Begehren im Rahmen sexueller Kommunikation öffnen.

Take Home Message

Unsere sexuellen Präferenzen sind nicht fixiert und unveränderbar, sondern gesellschaftlich geprägt und veränderbar. Es gibt kein Recht auf Sex und auch keine Verpflichtung zu Sex, es gibt aber, moralisch gesprochen, eine Verpflichtung, dass wir uns damit auseinandersetzen,

warum wir begehren, was und wen wir begehren und
uns gegenüber neuem Begehren im Rahmen sexueller
Kommunikation öffnen.

6.4 Anmerkung zu Rechtswissenschaftlichen Fragen

Eine weitere und dabei grundlegende Frage habe ich in
diesem Buch nicht angesprochen: Die Frage danach,
welche Konsequenzen aus der Kritik an der gegenwärtigen
Zustimmungsdebatte für die Rechtswissenschaft folgen.
Es ist klar, dass der Fokus auf Zustimmung eine wichtige
– feministisch geprägte – Erweiterung von Gesetzen über
sexuelle Nötigung und Vergewaltigung war. Traditionell
lag der Blickpunkt hier auf körperlicher Gewalt und
beinhaltete, dass sich das Opfer von sexueller Gewalt
körperlich gewehrt hatte; schlafende oder ohnmächtige
Opfer konnten somit keine Opfer von sexueller Gewalt
sein. Körperliche Abwehr ist aber eine Bedingung, die aufgrund der Geschlechterungleichheit und der Sozialisation
von Frauen sowie aufgrund psychologischer Reaktionen
oftmals nicht erfüllt war. Die Zustimmungsdebatte ver-
schob diesen Fokus und stellte die Frage, ob der Täter
gerechtfertigt war anzunehmen, dass Zustimmung vor-
lag. Nun ist Zustimmung oder fehlende Zustimmung
grundsätzlich schwieriger nachzuweisen als körperliche
Gewalt und führt häufig zu einer rechtlichen Pattsituation,
bei der das Wort der einen Person gegen das Wort der
anderen steht. Selbiges Problem gilt natürlich auch für
sexuelle Kommunikation als Zustimmung. Ich werde hier
keine Lösung für dieses Problem bieten können, auch weil
ich keine Rechtswissenschaftlerin bin. Allerdings sollte

angemerkt sein, dass dieses Buch vor allem eine kurze philosophische Untersuchung von Sex und Moral sein soll; eine Sexualethik, die ausschließlich aus dem Blickwinkel der rechtswissenschaftlichen Konsequenzen agiert und eine allgemeingültige Trennung zwischen legitimen und nicht-legitimen sexuellen Handlungen zu ziehen versucht, verkürzt notwendigerweise die ethische Dimension von Zustimmung als sexueller Kommunikation und sexueller Verantwortung.

7

Fazit: Ein Plädoyer für mehr Respekt im Bett

„Obwohl Sex wichtig ist, sind die meisten von uns genauso wenig in der Lage, unsere sexuellen Bedürfnisse und Wünsche auszusprechen wie unser Verlangen nach Liebe."

bell hooks, All About Love

Wie oben gezeigt wurde, ist Sex dann moralisch zulässig, wenn er die folgenden Bedingungen erfüllt: Alle beteiligten Personen haben die Fähigkeit Zustimmung zu erteilen, sind genügend informiert und geben ihre Zustimmung freiwillig. Darüber hinaus habe ich dafür argumentiert, das Kriterium der Freiwilligkeit in Form von Handlungsfähigkeit vor dem Hintergrund sozialer Ungleichheit zu verstehen sowie die performative Handlung von Zustimmung als sexuelle Kommunikation zu fassen. Sexuelle Kommunikation gibt uns Handlungsfähigkeit trotz der gegebenen sozialen Ungleichheiten und führt außerdem zu

H. C. Hänel, *Sex und Moral – passt das zusammen?*, #philosophieorientiert, https://doi.org/10.1007/978-3-476-05776-1_7

133

relationaler Verantwortung. Und moralisch zulässiger Sex, der Zustimmung als sexuelle Kommunikation beinhaltet, hat zudem große Chancen auch einfach guter Sex zu sein. Ich grenze mich hiermit also sowohl von Theorien ab, die daran festhalten, dass wir eine kontextunabhängige und allgemeingültige Definition von Zustimmung benötigen, als auch von Theorien, die fordern, dass das Zustimmungskriterium durch ein weiteres Kriterium ergänzt werden muss, nämlich zum Beispiel dem des Respekts oder der Gleichheit, damit wir nicht nur moralisch legitimen, sondern tatsächlich guten Sex haben. Stattdessen plädiere ich dafür, dass Zustimmung neu definiert werden muss.

Zustimmung kann nur dann unsere Handlungsfähigkeit vergrößern und potenziell Ungleichheiten verkleinern, wenn wir erstens Zustimmung *als* sexuelle Kommunikation verstehen, bei der wir darüber reden, was wir wie mit wem machen wollen, welche Grenzen wir haben und wie wir eine begonnene Handlung wieder beenden können, und wenn zweitens Zustimmung untermauert ist durch eine normative Theorie relationaler Verantwortung. Sexuelle Kommunikation macht es möglich, dass wir unsere eigenen Bedürfnisse, Wünsche und Grenzen artikulieren, entdecken, ausprobieren und ausleben können – und das in einem Kontext relationaler Verantwortung; in einem Kontext also, in dem wir uns gegenseitig respektieren als die konkreten Personen, die wir sind. Hier habe ich die Idee von gelungenem Sex um zwei Aspekte erweitert: Sex mit Zustimmung in Form von sexueller Kommunikation schützt uns nicht nur vor moralischen Verletzungen, sondern sorgt auch dafür, dass wir unsere sexuelle Identität entfalten können. Zudem handelt es sich dabei um Sex mit Respekt, denn sexuelle Kommunikation ist untermauert durch eine normative

Theorie der gegenseitigen Verantwortung für unser gegenseitiges Wohlbefinden *und* unsere Handlungsfähigkeit.

> **Take Home Message**
>
> Sex ist gut, wenn wir selbst wissen, was wir wollen, und wenn wir das auch von der anderen Person wissen. Dafür braucht es Kommunikation. Vor dem Sex und während des Sex. Und es braucht die Anerkennung der Möglichkeit, dass wir unsere Meinung ändern können, dass wir plötzlich etwas ganz anderes wollen oder gar nichts mehr. Dafür braucht es gegenseitigen Respekt.

Literatur

Adetiba, E. (2017). *"Tarana Burke Says #MeToo Should Center Marginalized Communities." The Nation, Interview with Tarana Burke.* https://www.thenation.com/article/tarana-burke-says-metoo-isnt-just-for-white-people/ (7.4.2018).

Adichie, C. N. (2017). *Dear Ijeawele, or A Feminist Manifesto in Fifteen Suggestions.* New York: Alfred A. Knopf [Zitat im Orig. auf S. 51: „Talk to her about sex, and start early."].

Anderson, M. (2005). Negotiating sex. *Southern California Law Review, 41,* 101–140.

Anderson, S. (2013). On sexual obligation and sexual autonomy. *Hypatia, 28*(1), 122–141.

Antisexismus_reloaded: Zum Umgang mit sexualisierter Gewalt – ein Handbuch für die antisexistische Praxis. 2007. re.ACTion (Readergruppe für emanzipatorische Aktion). Unrast.

Archard, D. (1998). *Sexual consent.* Boulder: Westview.

Archard, D. (1997). A nod's as good as a wink: Consent, convention, and reasonable belief. *Legal Theory, 3,* 273–290.

© Der/die Herausgeber bzw. der/die Autor(en), exklusiv lizenziert durch Springer-Verlag GmbH, DE, ein Teil von Springer Nature 2021
H. C. Hänel, *Sex und Moral – passt das zusammen?,* #philosophieorientiert, https://doi.org/10.1007/978-3-476-05776-1

Bundesregierung. (2019). *Häusliche Gewalt nimmt zu.* https://www.bundesregierung.de/breg-de/aktuelles/partnerschafts-gewalt-1809976 (20.1.2021).

BMFSFJ. (2019). *Gewalt gegen Frauen – Zahlen weiterhin hoch Ministerin Giffey startet Initiative „Stärker als Gewalt".* https://www.bmfsfj.de/bmfsfj/aktuelles/presse/pressemitteilungen/gewalt-gegen-frauen---zahlen-weiterhin-hoch-ministerin-giffey-startet-initiative--staerker-als-gewalt-/141688 (20.1.2021).

Britzelmeier, E. (2016). *Die 7 wichtigsten Fakten zu sexueller Gewalt.* https://www.sueddeutsche.de/panorama/vergewaltigung-die-7-wichtigsten-fakten-zu-sexueller-gewalt-1.2937498-2 (20.1.2021).

Butler, J. (1991). Review: Disorderly women. *Transition* 53, 86–95.

Christina, G. (2002). Are we having sex now or what? In A. Soble (Hrsg.), *The philosophy of sex: Contemporary readings.* Lanham: Rowman & Littlefield [Zitat im Orig. auf S. 8: „Was it sex? – I still don't have an answer."].

Coetzee, J. M. (1999). *Disgrace.* London [Zitat im Orig. auf S. 25: „Not rape, not quite that, but undesired nevertheless, undesired to the core."].

Congdon, M. ᐧ(2016). Wronged beyond words: On the publicity and repression of moral injury. *Philosophy and Social Criticism 42*(8), 815–834.

Conly, S. (2004). Seduction, rape, and coercion. *Ethics,115*(1), 96–121.

Crenshaw, K. (2015). *On intersectionality: Essential writings.* New York: The New Press.

Cudd, A. (2006). *Analyzing oppression.* Oxford: Oxford University Press.

Derrida, J. (1995). *On the name.* Palo Alto: Stanford University Press.

Equal Measures. (2019). *Harnessing the power of data for gender equality.* https://data.em2030.org/wp-content/uploads/2019/07/EM2030_2019_Global_Report_English_WEB.pdf (20.1.2021).

Feinberg, J. (1986). *The moral limits of the criminal law.* Vol. 3: *Harm to Self.* Oxford: Clarendon.

Frankfurt, H. (1971). Freedom of the will and the concept of a person. *Journal of Philosophy, 68*(1), 5–20.

Fraser, N. (1993). Beyond the master/subject model: Reflections on Carole Pateman's *Sexual Contract. Social Text* 37, 173–181.

Hänel, H. (2020). Who's to blame? Hermeneutical misfire, forward-looking responsibility, and collective accountability. *Social Epistemology.* https://doi.org/10.1080/02691728.2020.1839591.

Haslanger, S. (2015). *Critical theory and practice.* Spinoza Lectures. Assen: Koninklijke Van Gorcum.

Hooks, B. (2001). *All about love: New visions.* New York: Harper [Zitat im Orig. auf S. 176: „Even though sex matters, most of us are no more able to articulate sexual needs and longings than we are able to speak our desire for love."].

Kant, I. (1797). *Die Metaphysik der Sitten* (Kants Gesammelte Schriften, Bd. VI). Ausgabe der königlich preussischen Akademie der Wissenschaften. Berlin: De Gruyter.

Kattari, S. (2015). Getting It': Identity and sexual communication for sexual and gender minorities with physical disabilities. *Sexuality and Culture* 19 [Zitat im Orig. auf S. 887: "Communication and negotiation is an intergral part of the majority of kink/BDSM interactions."].

Kukla, R. (2018). That's what she said: The language of sexual negotiation. *Ethics, 129,* 1–28.

Langton, R. (2009). *Sexual solipsism: Philosophical essays on pornography and objectification.* Oxford: Oxford University Press.

Langton, R. (1993). Speech acts and unspeakable acts. *Philosophy and Public Affairs, 22,* 293–330.

MacKinnon, C. (1987). *Feminism unmodified.* Cambridge: Harvard University Press.

MacKinnon, C. (1989). *Toward a feminist theory of the state.* Cambridge: Harvard University Press.

Nussbaum, M. (1995). Objectification. *Philosophy and Public Affairs,24*(4), 249–291.

Okin, S. M. (1989). *Justice, gender and the family.* New York: Basic Books.

Oshana, M. (2005). *Personal autonomy: New essays on personal autonomy and its role in contemporary moral philosophy.* Cambridge: Cambridge University Press.

Papadaki, E. (2014). Feminist Perspectives on Objectification. *Stanford Encyclopedia of Philosophy*: https://plato.stanford.edu/entries/feminism-objectification/.

Pateman, C. (1980). Women and consent. *Political Theory,8*(2), 149–168.

Paul, P. (2006). *Pornified: How pornography is damaging our lives, our relationships, and our families.* New York: St. Martins Press.

Rich, A. (1995). *Of woman born.* New York: W.W. Norton & Company Ltd. [Zitat im Orig. auf S. 285: „We need to imagine a world in which every woman is the presiding genius of her own body."].

Rich, A. (2003). Compulsory heterosexuality and lesbian existence. *Journal of Women's History,15*(3), 11–48.

Ro, C. (2018). *Why most rape victims never acknowledge what happened.* https://www.bbc.com/future/article/20181102-why-dont-rape-and-sexual-assault-victims-come-forward. (20.1.2021).

Schulhofer, S. (1998). *Unwanted sex: The culture of intimidation and the failure of law.* Cambridge: Harvard University Press.

Shklar, J. (1990). *The faces of injustice.* New Haven: Yale University Press [Zitat im Orig. auf S. 15: „It will always be easier to see misfortune rather than injustice in the afflictions of other people".].

Singer, P. (1973). *Democracy and disobedience.* Oxford: Clarendon Press.

Soble, A. (2002). Antioch's ‚Sexual Offense Policy'. In A. Soble (Hrsg.), *The philosophy of sex*, Lanham: Rowman & Littlefield, Kap. 23.

Solnit, R. (2015) *Men explain lolita to me.* https://lithub.com/men-explain-lolita-to-me/ (20.1.2021).

Srinivasan, A. (2018). The right to sex: On the political critique of desire. *London Review of Books, 40*(6).

Straight For the Money: Interviews with Queer Sex Workers. (2011). *New York Times*: https://movies.nytimes.com/movie/434909/ Straight-For-the-Money-Interviews-with-Queer-Sex-Workers/ overview.

The Starr Report, Special Report. (1998) *Washington Post*: https://www.washingtonpost.com/wp-srv/politics/special/ clinton/icreport/7groundsi.htm.

Weiss, B. (2018). Aziz Ansari Is Guilty. Of not being a mind reader. *The New York Times*: https://www.nytimes.com/2018/01/15/ opinion/aziz-ansari-babe-sexual-harassment.html.

Sexual Health. World Health Organization: https://www.who. int/topics/sexual_health/en/.

Weiterführende Literatur

Alcoff, L. (2018). *Rape and resistance: Understanding the complexities of sexual violation*. Cambridge: Polity.

Brison, S. (2002). *Aftermath: Violence and the remaking of a self*. Princeton: Princeton University Press.

Collins, P. H. (2000). *Black feminist thought: Knowledge, consciousness, and the politics of empowerment*. London: Taylor & Francis Ltd.

Estrich, S. (1987). *Real rape*. Cambridge: Harvard University Press.

Finnis, J. (1994). Law, morality, and 'Sexual Orientation'. *Notre Dame Law Review,69*(5), 1049–1076.

Fricker, M. (2007). *Epistemic injustice: The power and ethics of knowing*. Oxford: Oxford University Press.

Goldman, A. (1977). Plain sex. *Philosophy and Public Affairs* 6(3), 267–87.

Hänel, H. C. (2021). *Wer hat Angst vorm Feminismus*. München: Beck.

Hänel, H. C. (2018). *What is rape? Social theory and conceptual analysis*. Bielefeld: Transcript.

Harding, K. (2015). *Asking for it*. Boston: Da Capo Press.

Haslanger, S. (2012). *Resisting reality: Social construction and social critique.* Oxford: Oxford University Press.

Liberto, H. (2017). The problem with sexual promises. *Ethics, 127,* 383–414.

Manne, K. (2018). *Down girl: The logic of misogyny.* Oxford: Oxford University Press.

McGregor, J. (1996). Why when she says no she doesn't mean maybe and doesn't mean yes: A critical reconstruction of consent, sex, and the law. *Legal Theory, 2,* 175–208.

Moulton, J. (1976). Sexual behavior: Another position. *Journal of Philosophy, 73*(16), 537–546.

Nagel, T. (1969). Sexual perversion. *The Journal of Philosophy, 66,* 5–17.

Oshana, M. (Hrsg.). (2014). *Personal autonomy and social oppression: Philosophical perspectives.* London: Routledge.

Pateman, C. (1988). *The sexual contract.* Stanford: Stanford University Press.

Pickett, B. (2011). Homosexuality. *Stanford Encyclopedia of Philosophy*; https://plato.stanford.edu/entries/homosexuality/.

Primoratz, I. (1999). *Ethics and Sex.* London: Routledge.

Primoratz, I. (2001). Sexual morality: Is consent enough? *Ethical Theory and Moral Practice, 4*(3), 201–218.

Scruton, R. (1986). *Sexual desire: A moral philosophy of the erotic.* New York: Free Press.

Solomon, R. (1974). Sexual paradigms. *Journal of Philosophy, 71*(11), 336–345.

Urwin, J. (2017). *Boys Don't Cry: Identität, Gefühl und Männlichkeit.* Hamburg: Edition Nautilus.

v. Wedelstaedt, A. (2020). Gelungener Sex. *Zeitschrift für Praktische Philosophie 7*(1), 103–32.

Wertheimer, A. (2003). *Consent to sexual relations.* Cambridge: Cambridge University Press.

Williams, P. (1991). *The alchemy of race and rights: Diary of a law professor.* Cambridge: Harvard University Press.

Young, I. M. (2003). *Political responsibility and structural injustice.* The Lindley Lecture: University of Kansas.

Printed in the United States
by Baker & Taylor Publisher Services

Printed in the United States
by Baker & Taylor Publisher Services